そのダイエット、脂肪が燃えてません

やってはいけない38のこと

JN181614

中野ジェームズ修一

青春新書
INTELLIGENCE

はじめに――なぜ、9割の人がダイエットに失敗するのか

「9割の人がダイエットに失敗する」
と言ったら、皆さんはどう思いますか?
「たった1週間で○kgやせました」といったダイエットの成功談は巷《ちまた》にあふれているのに、ほとんどの人が失敗していたなんて！　と、にわかには信じられないかもしれません。

ところが、よくよく聞いてみると、いったんやせたものの、すぐに元に戻ってしまった。メディアで取り上げられた話題のダイエット法を試してみたけれど、続けられなかった。体重は減ったのに、なぜか体脂肪率は増えてしまった。ダイエットに挑戦しては、リバウンドを繰り返している……。

長年パーソナルトレーナーという仕事をしていると、そういう方をたくさん見てきました。なかには「なんでそんな方法を信じてしまっているのだろう?」と首をかしげる方法もたくさんありました。

「そのダイエット法、間違ってるよ！」

と声を大きくして伝えたいことを一冊にまとめたかった。

そんな思いでこの本を書きます。

そして、**間違ったダイエット、失敗するダイエットの代表例が、「脂肪ではなく筋肉を減らしてしまう」というものです。**

たとえば、短期間に食事制限をすれば、たしかに体重は減ってやせるかもしれません。しかし、目標体重に達して喜んだのもつかの間、元の体重に戻るどころか、逆に前より増えてしまう。ダイエットを頑張るほど脂肪がつきやすい体になるという悪循環に陥ることに……。

こうした皮肉な現象が起きてしまうのは、なぜでしょうか。

ご存じの方も多いかもしれませんが、体脂肪をエネルギーとして使う器官の代表は「筋肉」です。筋肉量が多い人は体の消費カロリーが高くてやせやすい。逆に、筋肉量が少ない人は消費カロリーが少なく省エネ仕様で太りやすくなります。そのため、筋肉量を減らすダイエットは逆効果。かえって脂肪が燃えにくい体をつくり、やせてもリバウンドしやすくなります。
「有酸素運動はやせる」といわれますが、誰もがランニングでやせるわけではありません。**炭水化物（糖質）を極端に制限している人、バランスの悪い食生活をしている人が走ると、筋肉量が減る**という事実を知っていますか。

日本の健康やダイエットに関する情報に私はいつも憤りを感じています。「あの有名人がやせた方法だから、私もやせるかも」と思わせたり、さほど効果がないことを、ものすごく効果があるかのように謳《うた》うのが日本の健康&ダイエット産業のうまいところです。

ダイエットに成功し続けている人、リバウンドしないでやせた人や健康的な体型や健康を手に入れている人はそんなことをしない！

では、彼らは何をして、何を「しなかった」のか——。
「するべきこと」と言うとハードルが高いと感じる方もいるでしょう。まずはその方法を「しないこと」というレベルから始めてみてください。きっと成功の第一歩に近づけるはずです。

中野ジェームズ修一

そのダイエット、脂肪が燃えてません●目次

第2章 「食事」――筋肉を落とさない食べ方が正しい！
ダイエット成功者が「やらない」11のこと

第3章

「メンタル」―― "三日坊主"は悪くない！ ダイエット成功者が「やらない」6つのこと

第4章 「情報」――間違ったやせ方に振り回されない！ ダイエット成功者が「やらない」9つのこと

本文写真／浜田一男
本文デザイン・DTP／ハッシィ

第1章

「運動」――

効率よく脂肪を燃やすには〝筋肉量〟が決め手！
ダイエット成功者が「やらない」12のこと

NG 1

消費カロリーが高いランニングをいきなり始める

有酸素運動で筋肉が減る!?

「走ればやせる」

そう思った方は正解です！　しかし最初からむやみに走ったら必ず失敗します。

では、まず、なぜ走ればやせるのでしょう？　なぜ正解なのでしょうか？

それはなんといっても走ること、つまりランニングは消費カロリーが非常に高いからにほかなりません。体重によっても変わりますが、**約１００kcalを消費するのにウォーキングなら50分近くかかってしまいます。それがランニングなら約10分程度**ですみます。

消費カロリーが高いだけでなく、ランニングでは下肢の筋肉（もも周りや臀部《でんぶ》）に強い刺激が加わります。その強度は普段の生活で与えられる刺激よりもはるかに高く、**ウォーキングに比べて約3倍の負荷がかかる**といわれています。それだけの刺激が与えられれば、筋肉量は当然増えていきます。

いつも歩いて会社に行っている方が少し歩く距離を延ばす程度では、下肢の筋肉に与える負荷はさほど増えていないので、筋肉量はほとんど変わりません。

車がガソリンを使うように体脂肪をエネルギーとして使ってくれる器官は筋肉です。**筋肉量が増えれば車体が重くなるように燃費が悪くなり、同じ運動量でもより多くの脂肪をエネルギーとして使ってくれるようになります。**筋肉量を増やし、さらに消費カロリー自体も高い。一石二鳥だからランニングはやせるのです。

ではなぜ、いきなり走り始めてはいけないのでしょうか？

人間の体には、いったん壊されると再生が困難な部分があります。

ランニングでは体重の約3倍の負荷が下肢に加わります。筋肉だけにその負荷が加わるのであれば、筋肉は壊されて再生されることで強化されるのでいいのですが、関節内の軟骨組織は残念ながらそうはいかないのです。

軟骨組織もある程度の負荷であれば、スポンジのように押し潰されても戻るため、厚さを取り戻します。しかし、それが過剰に繰り返されると、使い古された座布団のようにつぶれて回復しなくなってしまいます。

もちろん、そうなるのを防ぐために、膝《ひざ》関節の周りの筋肉が衝撃を緩和するように吸収してくれています。しかし、長年運動してこなかった方はその筋肉量が減っているため、軟骨組織への負担が多くなってしまいます。

いきなりランニングを始めることは、先に筋肉量が増えてしっかり関節を守ることができるのか、それとも、その前に軟骨組織が壊されてしまうのか、一種の賭けをするということです。その賭けに敗れて膝を痛めてしまい、ドクターから走ることを禁止された方を私は大勢知っています。

人間は**20歳を過ぎると年に約1％ずつ下肢（下半身）の筋肉量が減っていく**といわれています。

膝関節の周りの筋肉量が十分でない状態で走り始めたら、膝はすぐに痛くなります。

ちょっとでも痛くなってくると、それは走るのをやめるための言い訳となり、ドロップアウトへとつながってしまいます。

次のような方は要注意です。

◎20歳を過ぎてから何十年も運動不足が続き、過体重になっている方

いきなり走ることから始めるのではなく、まずは消費カロリーが少なくてもウォーキングなどインパクトの少ないものから始めるようにしてください。水中ウォーキングやエアロバイク（自転車漕ぎ）でもいいでしょう。そして摂取カロリーもコントロールして体重を減らし、関節への負担を減らすことが先決です。

◎それほどの過体重ではないけれど、明らかに下肢の筋肉量が減っている方、少ない方

まずは下肢の筋肉を作ることから始めてください。

スクワットなどの下半身の筋力トレーニングでも筋肉は増えますし、普段から積極的に階段を使うようにするだけでも効果はあります。

「エレベーター、エスカレーターは一切使わない。慣れてきたら階段を一段飛ばしで昇る」

そんな生活をしていくだけで、膝関節を守ることができる下肢の筋肉は十分に作ることができます。それらを1～2カ月程度続けて、その後、徐々にランニングを始めていきましょう。

アドバイス

運動は、消費カロリーを増やすより、筋肉量を増やせ！

そして、さらに注意しなければならないことがあります。

せっかくランニングを始めるに至っても、**ランニングによって逆に筋肉量を減らしてしまう方がいます。**

それは、食生活が乱れている方です。特に近頃は炭水化物を抜いたり、肉や乳製品などカロリーが高めの食品を過剰に制限したりといった、極端な食生活によるダイエットを行う方が多く見受けられます（食生活については第2章で詳しく言及します）。

そのようなバランスの悪い食生活をしている方が有酸素運動を始めると、脂肪ではなく筋肉が減っていく場合があるのです。

炭水化物、つまり糖質を制限すると、なぜ筋肉が減ってしまうのでしょうか？

ランニングをするにはたくさんのエネルギー（ガソリン）が必要です。そのガソリンは体脂肪だけではなく、実は糖質も同じぐらい使われます。

ちなみに脳は糖質しか使われません。しかし糖質を完全にカットしても死んでしまうこともなければ、走ることもできます。なぜならそれは、体内にあるタンパク質である筋肉を、糖質に作り替えることで賄《まかな》っているからです。この反応を**「糖新生」**といいます。

ということは、**糖質が足りていない状態でランニングをしたら、多少なりとも自分の筋肉をエネルギーとして使いながら走る**という事態が起きてくるわけです。人間の体はとてもよくプログラムされています。栄養素が入ってこなければ、自分の体内にあるものを作り替えて補給してしまうのです。

また、ランニングは普段の生活よりも強い負荷が加わるので筋トレのような効果があって筋肉量が増えると説明しましたが、筋肉を作る材料となるのはタンパク質です。そのタンパク質の摂取を極端に減らしてしまうような、たとえば野菜のみの食事などにしたら、増えるはずの筋肉も増えません。

これらのことを知らずして、ただやみくもに走り始めても、成果を出すことは難しいでしょう。

そしてもう一つ、**いきなり最初から10㎞とかの長めの距離は走らないでください。**

筋肉をしっかりと作りながら徐々に距離を延ばしていくことが大切です。個人差があるので一概にはいえないですが、最初は２㎞ぐらいから始めて、３ヶ月かけて10㎞走れるくらいのペースで距離を延ばしていきましょう。焦りは禁物です。

アドバイス　**糖質を極端に制限して走ると、脂肪ではなく筋肉が減ってしまう**

NG 2

たくさん動くために長時間ウォーキング

「長時間ウォーキング」より「短時間の階段昇降」のほうが脂肪が燃える

「走ることは絶対に無理だけど、ウォーキングならいくらでもできる」

そう言われたことが過去何度もあります。特に女性のクライアントに多かったように思います。もちろんウォーキングだって立派な有酸素運動ですから、それを続けるのはいいことです。

でも、もしあなたが本当にウォーキングしかできない筋力や体力、身体的な問題があればそれでもかまわないのですが、もしそうでなければ、ぜひ走ることにチャレンジしてほしいのです。

「そんな体力も筋肉もない！」という声が聞こえてきそうです。ではここで、走れるだけの、つまり関節に過剰な負担をかけない程度の下肢の筋力があるかどうかをチェックしてみましょう。

次の「片脚立ちテスト」をやってみましょう。年齢によってイスの高さが違います。左表を参考に高さを設定してください。
1　イスに浅く腰掛けます。
2　片脚を前に伸ばします。
3　両手を胸の前で組みます。
4　そのまま反動を使わずに片脚だけで立ち上がります。

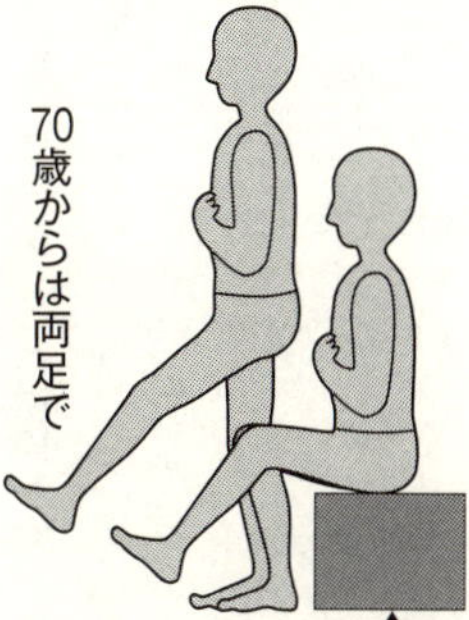

片足で立ち上がれる台の高さ（cm）
低いほどよい

年齢層	男性	女性
20〜29歳	20cm	30cm
30〜39歳	30cm	40cm
40〜49歳	40cm	40cm
50〜59歳	40cm	40cm
60〜69歳	40cm	40cm
70歳〜	10cm	10cm

日本整形外科学会による

これは「ロコモ度テスト」といわれる下肢の筋力の基準値をはかるものです。バランスを崩さずに両脚ともできたら、短い距離からでもランニングができる程度の最低限の筋力はあると考えてもよいでしょう。

しかし、注意が必要なのは、筋力的には問題がなくても、ランニングは筋力だけではなく、心肺機能も必要になってくるので、走れる脚があっても走れる心臓と肺があるとは限らないということです。

しかし、それらは徐々にランニングを取り入れていくことによって鍛えられます。しかも筋力と違って比較的容易にアップすることができます。せっかく走ることができる筋力があるのであれば、ウォーキングの中に、ちょっとでもいいので走ることを取り入れてみてください。

たとえば、あそこの信号まではウォーキングをして、次の信号までは走ってみる。また次の信号まではウォーキング。そしてまた走ってみる、といった感じです。

もし走っているときに息が切れて、あまりにも辛いようなら、ペースを落としたり休んだりしてもかまいません。ちょっとずつウォーキングの中にランニングを取り入れていく。そして、ちょっとずつランニングの時間を長くしていく。そうすることで、自然と心肺機能も鍛えられて楽に走れるようになり、次第に走ること自体が楽しくなっていきます。

同じ距離でも走ることを取り入れたら早く終わりますし、その分もっと距離を延ばせるようにもなります。

また、風をきる爽快感、走ったあとの達成感はウォーキングでは味わえないものがあります。その感覚を一度でいいから皆さんに味わってほしいのです。そうすればきっと、また次も走ってみたいと思うはずです。でも、無理強《じ》いはしません。それをしても長続きしないことはよくわかっています。

残念ながらいつかランニングのような強度の高い運動ができなくなるときは誰にでも訪れます。今その筋力があるのならやらない手はありません。もったいないです！

ウォーキングも、景色を見ながら、おしゃべりしながらのんびりできるよい有酸素運動です。しかし、強度の高いランニングは、年齢と共に衰えやすい下肢の筋力アップができるだけでなく、消費カロリーが高いので効率よく体脂肪を落とせます。

そしてさらにもう一つ、実は**ランニングをすれば骨も丈夫になる**ということはご存じですか？

テニス選手がラケットを持つ腕のほうの骨密度が高くなるのと同じで、ランニングをしている人は下肢の骨密度の低下を抑えることができるのです。

よくお年寄りが転倒して骨折し、寝たきりになってしまう、はたまたそこから認知症が始まってしまった、といった類の話を耳にすることがありますね。ランニングはそういったことの予防にもなるのです。ちょっと転んだぐらいでは骨折しない丈夫な骨を作ることができるのが、ランニングのいいところでもあります。

同じウォーキングでも、水中ウォーキングが大好きという方もいます。私が行くスポーツクラブでも、プールでいつもウォーキングを頑張っている方を多く見かけます。膝や股関節、腰などを痛めている方には、浮力があるので負担が軽減され、安全なリハビリとしてとてもいいと思います。

しかしプールでのウォーキングばかりに頼っていると骨は弱くなってしまう可能性があります。もし、陸上で歩く、またはちょっと走ることが可能なのであれば、まずは時々でもいいので、陸上で浮力に頼らずに重力をしっかり使って運動してみてください。それくらいの衝撃を与えてあげないと、骨は強くなってはくれません。

もう一つ、アイデアです。それでもなお走ることが嫌だという方。**ランニングと同じだけの消費カロリーがあり、筋量もアップでき、骨への刺激も与えることができる運動方法があります。**

それは**STEP《ステップ》 EXERCISE《エクササイズ》**といわれるものです。スポーツクラブのスタジオプログラムで踏み台みたいなものを使って上り下りしているレッスンを見たことはないでしょうか？

ダンスの要素が強いものもありますが、初心者用のシンプルな上り下りのクラスもあります。また、このSTEP EXERCISEであれば家でもできます。家の階段や段差を使って

階段の上り下りで、ランニングとほぼ同じ運動効果が得られる

(STEP EXERCISE)

ステップエクササイズ

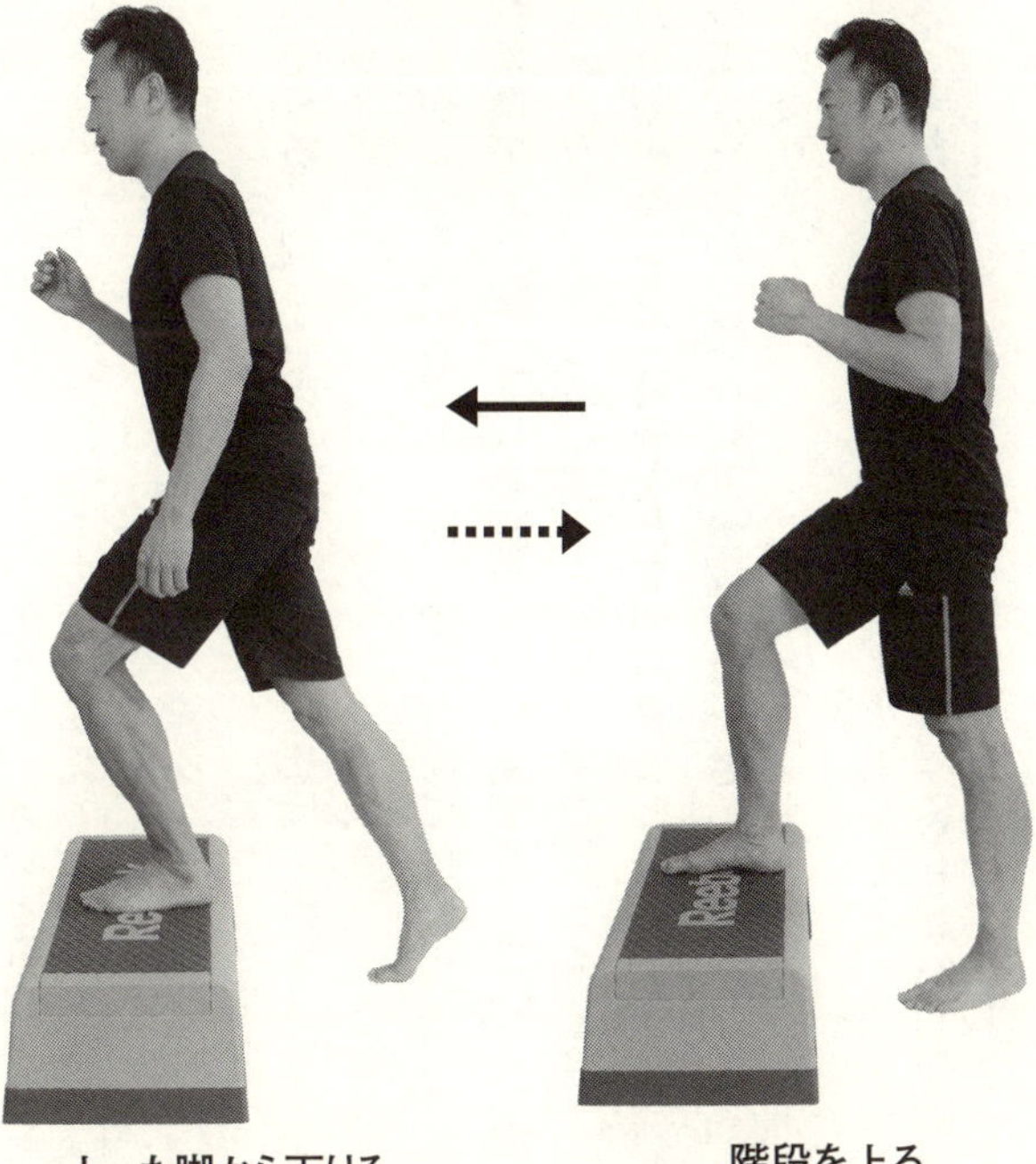

「右脚から上って右脚から下りる」を30秒続けたら、
「左脚から上って左脚から下りる」を30秒。
10分程度から始めて30分以上行うことを目標にするとよい。

上って下りての繰り返しをするのでもいいのです。寒いときに外に行かなくてもいいですし、雨の日でもできます。段差を上って下りての繰り返しなので動作も簡単です。

簡単に注意点だけお伝えしておきます。

・**上った脚から下りる。**　例：右脚から上ったら、次は左脚を台に乗せます。そうしたら右脚から下りましょう。

・最初に下りる脚がいつも同じだと、同じ脚の関節に負荷がかかりすぎてしまいます。したがって、**30秒程度で上る脚、下りる脚を入れ替えてください。**右脚から上って右脚から下りるのを30秒続けたら、今度は左脚から上り、左脚から下りるようにしてみましょう。

・**一定のリズムを刻めるように音楽などを利用する**といいでしょう。

・**最初は10分程度から始め、徐々に30分程度**はできるようになるといいですね。結構汗もかけていい運動になりますよ。

アドバイス

「毎日歩いているのにやせない」のは運動強度が低いから

NG3 エレベーターが故障中だと、どうしよう!!と思う

脚を使わないと、筋肉が落ちてやせにくくなる

「えぇ〜!? エスカレーター、止まってる! どうしよう!」

私がよく利用する「北参道駅」には非常に短いエスカレーターがあります。この発言は、そのエスカレーターが止まっていたのを見た女子高生が発したものです。スーツケースなどの特に大きな荷物を持っていたわけでもなかったので、この悲鳴に似た嘆きにはビックリしました。もちろんそのエスカレーターのすぐ横には階段があります。

ちなみに、その階段はたったの18段です。18段の階段を上ることすらも悲鳴になってしまう。しかも10代で!

前項でも述べましたが、**STEP EXERCISEでもランニングと同様の消費カロリーがあり、しかも筋力をアップすることができる**のです。

ということは、普段の生活の中での階段の上り下りでも、それは可能だということです。もし運動をすることがどうしても嫌いでも、普段の生活の中で積極的に階段を使っていく

だけでだいぶ違います。

以前、こんなクライアントがいました。自宅にホームエレベーターがあり、4階のリビングに行くときは家族全員がエレベーターを使っていたのですが、震災後に余震が続いていたため**使用を控えるようにしたら家族全員の筋肉量が増え、更に体脂肪率も下がった**のです！

そもそも、ご両親の介護のことを考えて建て替えの際にホームエレベーターを設置されたそうなのですが、まだしっかりと自分の脚で毎日4階まで上り下りできる体力があるのですから、ある意味、当然の結果といえます。筋肉があるにもかかわらず使わないで楽な生活をしていれば、当然、筋肉量は減少の一途を辿っていきます。

実はこの4階というのが私は一つの目安になると思っています。

「階段を使いなさい」と言われても、一つの目安がないとなかなか続かないという意見をよく耳にします。そのような方にとっては、個人差はあるものの4階程度ならちょっとはチャレンジしてみようと思えるぐらいではないでしょうか？

1～2階程度だと少々強度が低すぎます。**3～4階ぐらいを最初の目標にして、徐々にその階数を伸ばしていき、階数を上げられない場合は時々一段飛ばしをするなどして強度**

を上げていってみてください。

階段を使うと息が上がって疲れますよね。そうなんです。息が上がって疲れるから体力・筋肉量もアップするわけですし、カロリー消費も稼いでくれるのです。疲れるから運動の代わりになるのです。

注意点が一つあります。**同じ階数を長期間続けていくと、その刺激に慣れてしまい、それ以上、筋肉量は増えなくなります。**意識すれば、通勤時だけでも意外に階段を使うシーンはあるはずです。ですから、できるだけ普段から意識して使ってみてください。

朝から、特に出勤前に階段を使うなんて……と嘆きたい方もいるでしょう（笑）。でも大丈夫です！　朝から4階程度まで階段を上っても、1日で使うエネルギーが枯渇《こかつ》してしまったり、脚が使い物にならなくなったりすることは絶対にありません。人間のエネルギーを生み出す仕組みはそんなに柔《やわ》ではありませんので、どうか安心してください。

家庭ではもちろん公共でもバリアフリー化が進み、あらゆる場所で「人に優しい設計」がなされています。しかし、私はバリアフリー化が人に優しいとは決して思いません。そもそも、それらは体がご不自由な方のためのものです。

たとえば、毎日布団の上げ下ろしをしている老夫婦を見ていたお子さんが、上げ下ろしをしなくてもいいように、また起き上がったり立ち上がったりが楽にできるようにと、ベッドをプレゼントしたという話を聞きました。

一見、親孝行のようにも見えますが、私はそうは思いません。90歳になっても布団を毎日上げ下ろしができる体力、筋力があることは素晴らしいことです。にもかかわらずそれを奪ってしまったら、当然、筋肉量は減ってしまいます！

安全に作業できるような環境を整えてあげることこそが、本当のバリアフリーなのではないでしょうか。バリアフリーにも段階があるのです。

ともあれ、世の中はどんどん便利になっていきます。便利なもの、楽なものにビジネスチャンスがある時代ですから、これからもどんどん便利になって体を使わなくてもよい社会ができていくでしょう。車のアクセルやブレーキすら踏まなくても目的地に到着する時代がもうそこまで来ています。だからこそ生活の中に運動をする、トレーニングをする機会を意識的に作っていかなければならないのです。

アドバイス 「階段を上るだけ」でランニング並みのエネルギー消費効果！

NG 4

お腹を凹ませようと腹筋を頑張る

その脂肪は内臓脂肪！　もっと効果的な落とし方がある

「今年こそはお腹を凹《へこ》ませようと思って、元日から腹筋を毎日やって頑張っています！」

この方のように、お腹を凹ませるための方法が腹筋運動だと思っている人がまだまだ多いのではないでしょうか？　最初に断言しておきますが、

「腹筋運動だけではお腹は凹みません」

そもそも、お腹が出てしまうのはなぜなのでしょう。男性の場合は内臓脂肪によるものがほとんどです。内臓の周りに体脂肪がついて、お腹の中の内容物が増えて、お腹が出てきてしまうのです。

原理からいえば女性が妊娠してお腹が出る現象とまったく同じです。出産すればお腹が凹みます。つまり、内臓脂肪を減らせば、お腹は凹んで元に戻ります。では、内臓脂肪はどうやったら減らせるのでしょうか？

内臓脂肪は有酸素運動をすると効率のよいエネルギー源となって燃焼されます。腹筋運

動は、決して効率のよい有酸素運動ではありません。今以上に内臓脂肪をつけないように摂取カロリーをコントロールしながら有酸素運動を行う。これがお腹を凹ませるための最善の方法です。腹筋運動を頑張る時間があるのなら、その時間を有酸素運動に充《あ》ててください。

さらにもっと効率を上げたいのであれば、下肢の大筋群である脚、臀部をはじめ、胸、背中、肩などの筋肉量を増やし、体脂肪をエネルギーとして使う筋肉という器官（工場）を大きくしてあげるといいでしょう。

また、これらの大筋群の筋力トレーニングと併用して有酸素運動を行うと成長ホルモンの分泌量がアップするので、内臓脂肪の燃焼効率はさらに高まります。

では、そもそも、なぜ腹筋運動をするとお腹が凹むという誤解が生じてしまったのでしょうか？

それには腹直筋という筋肉が関係しています。一般的に皆さんが「腹筋」と呼んでいるのは、専門用語でいうところの「シットアップ」や「クランチ」などというエクササイズのことを指しています。

シットアップというのは、35ページの写真のように仰向《あおむ》けになって両膝を立て、両手を頭の後ろで組んで上体を持ち上げて、上体が床に対して垂直になるところまで上げる腹筋運動のことをいいます。

また「クランチ」は、同じ仰向けで両膝を立て頭の後ろで手を組んで、両方の肩甲骨が浮くくらいまで持ち上げるエクササイズのことです。これがシットアップとは明確な違いがあります。筋力トレーニングの専門家である私たちフィジカルトレーナーは、この2つの腹筋運動を使い分けます。

「シットアップ」は上体を垂直になるまで持ち上げるので、腹直筋というお腹の前面（お腹が割れるときに隆起する、板チョコのような形状の筋肉）と腿の付け根の腸腰筋（骨盤と背骨、骨盤と大腿骨をつなぐ深層の筋肉）の両方を鍛えたいときに選択します。

一方、腹直筋のみを鍛えたいときは、腸腰筋が比較的関与しない、腹直筋だけを使うことができる「クランチ」の方を選択します。

つまりどちらの腹筋運動でも腹直筋のトレーニングにはなるのですが、腹直筋は肋骨から恥骨にかけての表層に縦に付いている筋肉です（「腹直筋図」参照）。

したがって、この筋肉をいくら鍛えても、お腹を凹ませる作用は起きないことは、容易に理解いただけるでしょう。

お腹が凹んでいるように見せたいのであれば、コルセットを巻いたり、ベルトを強く締め付けてあげればいいですよね⁉

実はコルセットと同じように横方向にぐるりと一周走っているような筋肉がちゃんと存在します。それは腹横筋という深層の筋肉です。腹部の中で一番深層にある筋肉です。

この腹横筋はシットアップやクランチでは鍛えることができません。腹横筋を鍛えるエクササイズはいろいろありますが、最も一般的なものとして、プランクやドローインというものがよく「体幹トレーニング」として紹介されています。

しかし、これらのエクササイズはご存じない方がほとんどでしょう。また、深層であるため、その筋肉が動いているのかという感覚を得ることが非常に難しいのが実情です。腹横筋を鍛えてお腹を筋肉というコルセットでより凹ませる作用を出したい方は、ぜひ私達のような専門家について指導を受けてください。

それはちょっと……という方は、まずお腹の内容物（内臓脂肪）を減らす、つまり摂取カロリーを制限しながら有酸素運動を行うことから始めてみてください。それでも十分にお腹は凹みます。シットアップやクランチを頑張り続けるよりもはるかに効果的です。

いくら腹筋をしてもお腹が凹まない理由

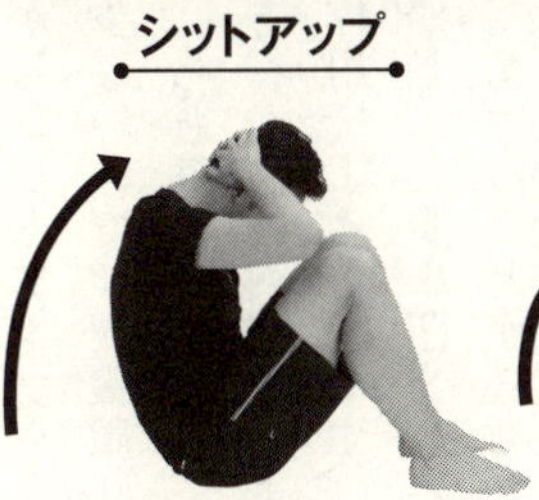

鍛えるのはココ! 腹直筋と腸腰筋　鍛えるのはココ! 腹直筋

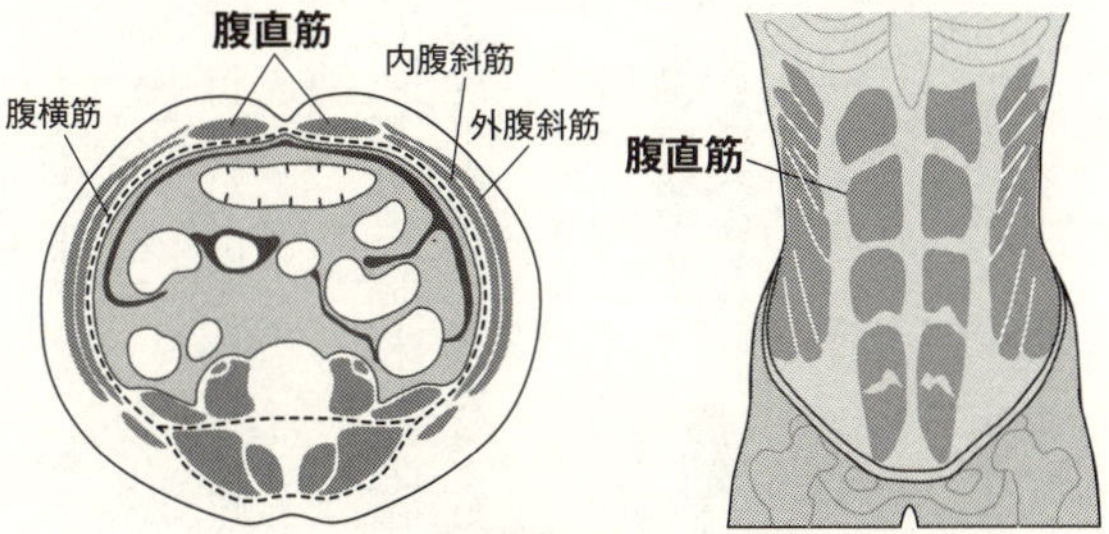

〈腹直筋図〉

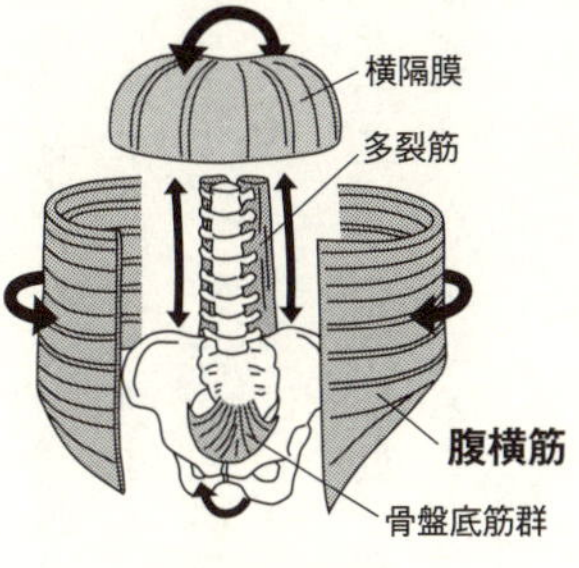

〈腹部断面図〉

あこがれの6パック。
外から見ると、鍛えればお腹が凸んで割れてくるように見えるが、腹部断面図を見ればわかるように、表層の筋肉。お腹を締めるのは、お腹の周りについている「腹横筋」だ。

しかしシットアップやクランチをする意味も見逃せません。男性の場合、皮下脂肪が比較的少ないので、内臓脂肪が減ってきた状態でシットアップやクランチを行うと、腹直筋が鍛えられ筋肉が隆起して、いわゆるシックスパックが見えてくるようになります。

一方、女性は内臓脂肪よりも皮下脂肪が付きやすい傾向があります。これは女性ホルモンの作用によるものです。

しかし、お腹を凹ませるためには、男性と同様に有酸素運動を行って、皮下脂肪を燃焼させてあげることが必要です。その皮下脂肪を揉んでも、何かを塗っても落ちることはありません。念のため。

アドバイス 腹筋より大筋群を鍛えて脱メタボ腹!

NG5 下腹引き締めのために腰回しエクササイズ

「動かしている部分に脂肪はつきにくい」の間違い

「さぁ、腰をもっと8の字に回して！ キュッとくびれをつくりますよ」

ダンスDVDやスポーツクラブのグループエクササイズなどで、そのようなかけ声をよく耳にします。なぜ腰を回すとくびれができるという発想になるのでしょうか……。

重要なのは、**動かしている部分の体脂肪がほかの部位よりも圧倒的に効率よく落ちることはない**ということです。

もしも腰（股関節）を回してその部分の体脂肪が落ちるのであれば、いつも動かしている顎《あご》の関節の周りや、毎日立ったり座ったり、歩いたりする際に使う下半身の体脂肪はどんどん落ちていくはずです。

人間の背骨は24個の積み木が積み重なってできています。それらひとつひとつの積み木を「椎骨《ついこつ》」といいます。上から7個の積み木、つまり首の部分のことを「頸椎《けいつい》」、その下の肋骨の部分の12個を「胸椎」、そして一番下の5個が「腰椎《ようつい》」です（「脊柱《せきちゅう》図」参照）。

それぞれの積み木はすべてどの方向にも自由に動くわけではありません。
たとえば、椅子に座って体はまっすぐ前に向けたまま、頭だけで右を向いてみてくださ
い。その際に背骨はどうなっているかというと、頸椎の一部が回旋《かいせん》しています。今度は頭
だけ下げてうなずく動作をしてみてください。頸椎は屈曲の動作もできます。このように
頸椎は回旋と屈曲の両方の動作を得意としています。
では、次にイスに座ったまま体ごと右に向けてみてください。この動作は胸椎が回旋す
ることによって行われます。胸椎は屈曲の動作が苦手で、回旋の動作を得意としています。
今度は立ってみてください。そしてそのまま立位体前屈《りっいたいぜんくつ》をしてみてください。その際は
腰椎が屈曲しています。腰椎は屈曲の動作を得意としています。腰椎だけを、頭（頸椎）
だけで右を向くように回旋させようとしてみてください。まったくできないことがお分か
りいただけるはずです。
もし回ったと思っても、それは胸椎が回旋しているか、もしくは股関節が動いたことに
よってできた動作で、決して腰椎が回旋しているわけではありません。腰椎は回旋できな
いように作られているのです。
次は骨盤を回すという動作です。骨盤は2枚の腸骨と仙骨、つまり3枚の骨で構成され

腰の骨と骨盤の関係を知っておこう

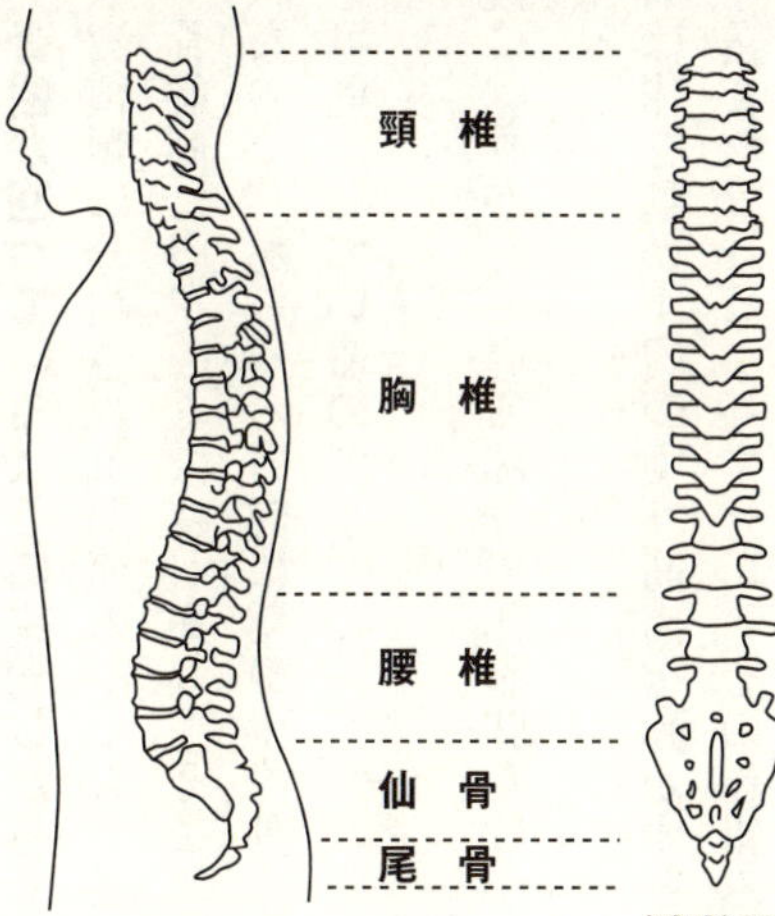

〈脊柱図〉

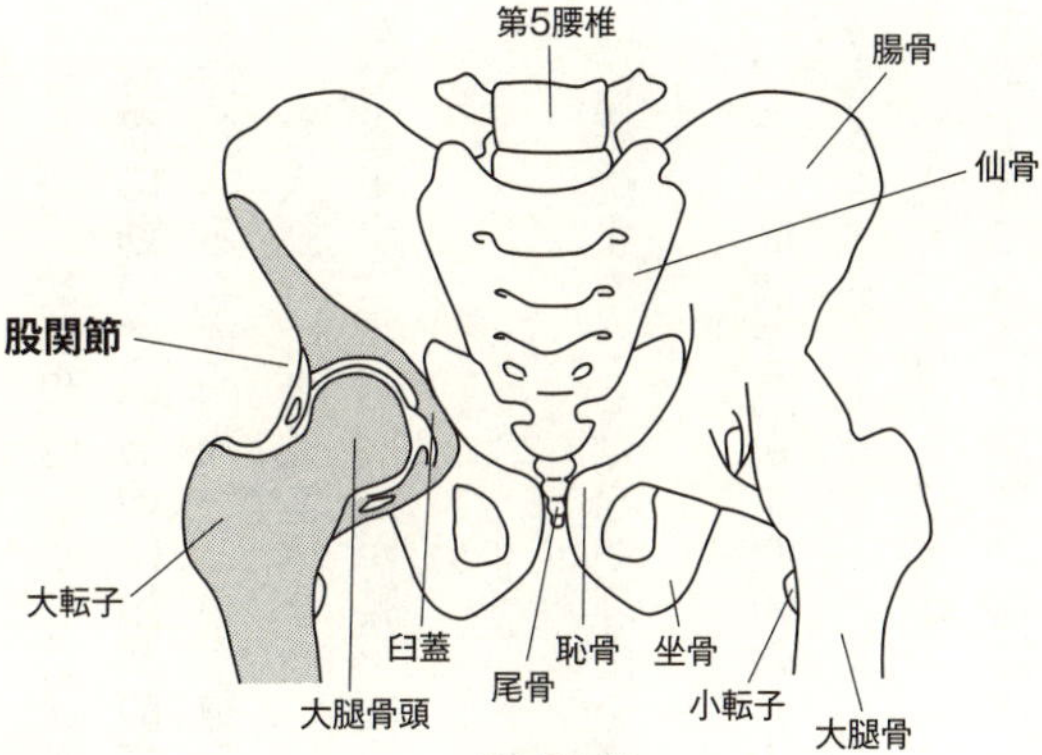

〈骨盤図〉

「腰を回す」と、骨盤が回っているように思えるが、実際動いているのは股関節だ。

ています（「骨盤図」参照）。

この3枚の骨はまったく動かないとまではいいませんが、数㎜程度しか可動域がありません。**骨盤が回っているように錯覚しがちですが、実際に動いているのは股関節です。**股関節は数種類に分類される関節の中でも、最も可動性のある「球関節」という種類の関節です。骨盤側に臼《うす》状のくぼみがあり、そこに球状をした大腿骨の骨頭がはまっているという形状なので、あらゆる方向にたやすく動くことができます。この関節が腰を回すという動作を可能にしているのです。

最後に、動かしている部分の体脂肪だけが優先的に燃焼することはない理由を説明していきます。

人間は体を動かす、つまり筋肉を動かすときには、その筋肉を動かすためのエネルギーを送り込まなければなりません。その仕組みを分かりやすく説明します。

たとえば脚を動かすときは、脚の筋肉にエネルギーを送ってあげる必要があります。脚を動かし始めると、体の中に蓄えられているエネルギー源である体脂肪が溶け出して、酸素と結びつき、脂肪酸になります。その脂肪酸が血管を通って脚の筋肉に送られます。そこで脂肪酸が水と二酸化炭素に分解され、そのときに発生するエネルギーによって脚が動いてくれます。

その際に使われる体脂肪は、体の中のあらゆるところに蓄積されている体脂肪が使われると理論上いわれており、動かしている筋肉の上にある体脂肪が積極的に使われるという科学的根拠は、私の知っている限りありません。つまり、部分やせはできないのです。

ということは、**大きくてエネルギーをたくさん消費してくれる筋肉を動かして、全身の体脂肪をまんべんなく減らしていくことが、自分がやせたいと思っている部分をやせさせるための最善の方法**というわけです。これが、脚のような大筋群を動かす有酸素運動はダイエット効率がよいといわれる所以《ゆえん》です。

ですが、「全身の体脂肪がまんべんなく」というのは少々語弊《ごへい》があり、使われる順番としては内臓脂肪からまず優先的に使われ、内臓脂肪がある程度なくなってくると、その後皮下脂肪が使われるという特徴はあります。

脇腹の脂肪は皮下脂肪なので、内臓脂肪が減ってきた後に減り始めます。つまり、ベリーダンスのような腰を激しく振るダンスをしたり、骨盤を８の字に動かすようなエクササイズをしているからといって、その脇腹の皮下脂肪が効率よく画期的に燃焼されるということは決してないのです。

しかし、ベリーダンスも骨盤を8の字に回すエクササイズも有酸素運動であることには違いないので、有酸素運動としてエネルギーを消費させることを目的として考えるのであればいいでしょう。

それらには踊る楽しさや振り付けを覚える達成感もあるでしょうから、ウォーキングやランニングは飽きてしまうけど、このダンスなら続けられそうという方にとっては、非常に効果の高い方法であることは間違いないでしょう。

アドバイス

脇腹のぜい肉(皮下脂肪)より内臓脂肪のほうが落ちやすい

NG 6

モデルや女優がやっているヨガやストレッチをする

筋肉の柔軟性を高めると代謝が上がる、と思っていませんか

「モデルや女優はみんなヨガをやっている!?」「モデル＝ヨガ＝美しくなれる」

このような風潮に私は少し疑問を感じます。誤解しないでほしいのは、ストレッチもヨガを決して否定しているわけではないということです。私なりのストレッチやヨガに関する見解だと思って読んでいただけたら幸いです。

「美しい人はみんなヨガやってますよね？」

何度もそう質問されたことがあります。たしかにモデルや女性の芸能人でヨガにはまっている方は多いですし、「何か運動されていますか？」という質問に対して「最近ヨガを始めました」というシーンを実際にテレビや雑誌などで頻繁に見かけます。

でも、そもそもその方たちは、ヨガをする前から十分に美しかったのではないでしょうか（笑）。

もともとヨガは（諸説ありますが）古代インド発祥の修行法の一つとして行われていた

ものようで、長い歴史があります。呼吸法を意識して健康目的で行われるものや、瞑想《めいそう》を中心として精神統一を目的としたものなどもあり、近年では、アメリカから普及した、筋肉に負荷を加えてトレーニングやストレッチの要素が強いパワーヨガなどもあります。

私が勉強のために日本で20年以上前に初めてヨガを受けたときは、周りは高齢の女性ばかりで、曲や雰囲気は宗教色が濃く、正直あまりいい印象を受けなかったです。しかしその後様々な方向に細分化、進化し、今ではおしゃれでスタイリッシュなフィットネスの一つとしてしっかりと定着しています。

私が最も素晴らしいと感じるのは、そのように進化・定着したおかげで、今まで運動をしてこなかった方々の体を動かすきっかけになったことです。運動が嫌いな人、特にランニングや筋トレをするのが嫌いな人にとっても、静止動作が多くゆったりとしたペースで進められるイメージのヨガは「試してみよう!」という気持ちにさせてくれます。

また、呼吸法を用いた精神統一の成果を実感している方も多いようで、今まで暴飲暴食がコントロールできなかったのを、意識的に我慢するのではなく、自然とコントロールできるようになったという方もいます。

半面、いつもヨガの話題になると気になるのが、消費カロリーです。

消費カロリーを計算するとき、私達はMETs《メッツ》という指標を使います。METsとは運動の強度を示す単位です。座って安静にしている状態を基準の1METとして、歩行は3METs、速歩きは4METsというように、あらゆる運動の強度が指標化されています。これを使ってそれぞれの運動のおよその消費カロリーを計算することができます。

消費カロリー（kcal）＝1・05×METs×時間×体重（kg）

たとえば犬の散歩程度の歩行の場合、強度は3METsなので、体重50kgの人が1時間歩いた場合の消費カロリーは

1・05×3METs×1時間×50（kg）＝157kcal

という計算になります。

2012年の（独）国立健康・栄養研究所の改訂版『身体活動のメッツ（METs）表』によると、ヨガやストレッチのMETsは以下の通りです。

ストレッチ……2・3Mets

ハタヨガ……2・5Mets
パワーヨガ……4・0Mets

では次に、これらのMETsに相当する生活動作を同じ表から探してみましょう。

2・3METs……掃き掃除・家具のほこりを取るなど楽な労力
2・5METs……立位でのモップ掛け・整頓・シーツ替え・ゴミ捨てなどの楽な労力
4・0METs……洗濯物を干す・草や落ち葉を袋につめるなど、ほどほどの労力

これらを見ていただいて分かるように、運動強度、消費カロリーといった観点からは、ヨガやストレッチでダイエットの効果を出すのは難しいと思われます。もちろんまったく運動していなかった方が慣れないポーズを取り続ければ、最初のうちは理論上よりもほんの少し消費カロリーや運動強度は高まることも考えられますが、それにしても食生活などをまったく変えないで、ヨガだけで効果を出すのは難しいでしょう。

ならば、ホットヨガのように汗をかくものであれば消費カロリーが高く効果が出るのでは!? と期待する方も多いでしょうが、**汗をかく量と脂肪燃焼量は比例関係にありません。**

また高温多湿のところで行えば、それだけ長時間行うのは難しいので、たとえば通常なら1時間行うところを40分に短縮してしまうといったような事態も想定されます。

・運動習慣がなかったけど、出かけるきっかけになった。

・ヨガ教室の仲間から刺激を受けて自分の体に意識を向けるようになり、ライフスタイルが変化した。

・精神統一的な効果から暴飲暴食をコントロールできるようになった。

こういった意味でのヨガの効果は絶大です。

しかし週に1回程度ヨガをやって、食事やアルコールの量は何も変わらない……それではなかなか効果は出てこないでしょう。効果が出なければだんだん通う頻度も減ってくるものです。よい先生のクラスはいつも一杯だから、レッスンのスケジュールが合わないから……など様々な理由を見つけてドロップアウトしていってしまう方が多いのが実情です。

またヨガで挫折する方の中には、ケガがきっかけとなる人もいます。

皆さんはヨガ=ストレッチと思っていませんか?

たしかにヨガの動作は筋肉を伸張させるものが多く、筋肉が伸ばされている感覚が得られるので、ストレッチ効果及び柔軟性アップを期待して行う方も多いでしょう。しかし安全かつ効果的にストレッチで柔軟性をアップさせるためには、筋肉の性質をしっかりと理解して行う必要があります。

体の硬い方がヨガのクラスに参加すると、他の人と同じポーズが取れないと焦り、なんとかそのポーズを取ろうと頑張ります。脚や腕をプルプル震わせながら一生懸命伸ばそう、届かせようとします。そのとき筋肉はどういう状態になっていると思いますか?

筋肉の中の筋線維には、筋紡錘《きんぼうすい》という長さを察知するセンサーが備わっています。筋線維が過剰に伸ばされると、断裂することを防ぐためにセンサーが脳に「縮みなさい」という指令を出します。その指令の合図が筋肉を震わせるのです。

筋肉がプルプルしているということは、この筋紡錘のセンサーがオンになって働いているということです。その状態だと、**筋肉を伸ばしているつもりでも、脳からは「縮みなさい」という指令を受けているため、柔軟性はアップしにくいのです。**

ヨガのクラスで、しっかりそういった面も指導してくれるところはいいのですが、プログラムの性質上、呼吸法や動作、流れといった方面にどうしてもフォーカスせざるを得ないため、そこまで教えてくれないところが多いというのが現状です。

またヨガのポーズには、曲芸のように関節をあり得ない方向に曲げるものも存在します。

なかには医学的に非常に危険な動作で、私たちフィジカルトレーナーの教科書にも、やってはいけない動作のリストに入っているものすらあります。曲芸のようなそのポーズが取れるようになれば、果たしてやせたり綺麗になったりできるのでしょうか……。

柔軟性がアップすれば脂肪燃焼量が高い体になるというわけでは決してないですし、そもそも柔軟性が向上すればするほどよいわけではなく、柔軟性が上がりすぎると関節は不安定になりやすいので、筋トレなどを併用しないと、年齢と共に股関節などを痛めやすくなってしまいます。

しかし、体が硬いと自覚している方は、ぜひ、日頃から積極的にストレッチを行ってください。体が硬いと疲れやすくなるため、日常生活において便利なものを使い、非活動的になっていくことで結果的に消費カロリーが減ってしまう場合もあります。快適な体になれば自然と活動的な生活になっていくものです。運動を始めることに抵抗のある方が、まずはストレッチからチャレンジして活動量を上げていくことには大賛成です。

アドバイス

ダイエット効果は、メッツ(METs)を指標にして判断する

NG 7

テレビを観ながら「ながら運動」

毎日の「ながら運動」と週2回の「筋トレ」、効果があるのはどっち？

「家事をしながら、テレビを観ながらでもできる『ながらエクササイズ』の特集を考えているんですが……」

そんな出版社からの依頼を、今までどれだけ受けたことでしょうか。

残念ながら、生活の中で何かをしながらちょっとだけ行う「ながらエクササイズ」レベルでは運動強度は非常に低いため（46ページのMETs表を参照ください）、何かちょっとだけ足してみるだけで画期的に成果を出すというのはとても難しいことです。

カロリーを消費するのであれば、息が軽くはずむ程度の有酸素運動を1～2分とかではなく30～60分程度の時間をかけないと難しいですし、筋トレにしても脚を数回持ち上げる、手の曲げ伸ばしを数回する程度で筋肉量を増やすことは難しく、ちょっと重い、キツいと感じる負荷をだいたい10～20回を2～3セット、週2～3回程度は筋肉にしっかり刺激として与え続けてあげる必要があります。

「日々のちょっとしたエクササイズの積み重ねでダイエットを成功させましょう！」と私だって言ってあげたいのですが、長年このパーソナルトレーニングの現場にいて実感するのは、成功している皆さんの多くの共通点は「画期的にライフスタイルが変わった」ということです。

たとえば「ランニングやウォーキングにはまった」、または「学生時代にやっていたスポーツに復帰した」など、今までの生活の中にはなかった運動が習慣づけられた人たちは必ずダイエットに成功しています。ながら運動でちょっとだけ消費カロリーを上げたところで、ちょっと何か食べ足したらプラスマイナスゼロになってしまいます。

また、何かしながらできるような筋トレということは、その何かの妨げにならないレベルになってしまうので、筋肉に与える負荷は必然的に弱くなってしまいがちです。本当に成果を出すためには、やはり「うぅ〜」と声が出てしまうくらい強度を上げてあげる必要があります。そう簡単には筋肉はつかないのです。

とはいえ、私も雑誌等で、ながら運動を監修することはあります。それは出版社の方から、「全く運動していない方には普通の筋トレやウォーキングはハードルが高すぎる。効果がそれほど期待できなくても、まずはきっかけを与えるという意味でお願いしたい」

そんな言葉に賛同してのことです。同じような思いで同様の監修をしているトレーナーも多いのではないでしょうか。

きっかけとしてはよいですが、結局ダイエットに成功している人は、テレビ、家事は家事として楽しんで、その時間とは別に運動するという時間を楽しめるようになった人たちです。

では、成功している人はどれくらいの頻度で筋トレを行っているのでしょうか。

もちろん内容にもよりますし個人差はありますが、毎日やるよりも頻度を減らしたほうが成功する人が多い傾向があります。筋トレの頻度については2つの考え方があると私は思っています。

1　強度が高く、効率のよいプログラムをする代わりに頻度を下げる。

2　1回で行う強度や種目数をあえて下げて毎日行い、習慣にしてしまう。

1について

数年前までは週に2~3回程度の頻度で筋力トレーニングをしないと、筋力・筋量をアップさせることは難しいといわれていました。

しかし最近の研究では、**質の高いトレーニングメニューであれば週１回でも十分に効果を出すことができる**という報告を目にするようになりました。

何をもって質の高いトレーニングなのか？ それは「強度」と「種目」です。

まずは**強度**について。鍛えたいと思う筋肉に限界と感じる負荷を与えることによって筋肉はより強くなります。それがどれくらいかというと、筋力・筋量アップを目的とする場合、１回しか持ち上げられない負荷ではなく、なんとか８回目まで行えて、９回目はもう行うことができない負荷が適切といわれています（筋持久力アップを目的とする場合は20回程度）。

しかし私の経験上、この負荷設定はかなりの上級者向けの強度で、一般の方が行うには適当ではないと思っています。

というのも、十分に気をつけないとケガのリスクが高まるだけでなく、狙った筋肉だけに刺激を与えることは難しく、狙った筋肉以外の多くの筋肉が一緒に動いてしまう可能性が高い。なので**20回が限界で21回目ができない程度の負荷を設定する**ことが多いのです。

また、最近では**低負荷高回数でも筋量をアップさせることができる**と証明されてきているだけでなく、実際に指導していても、その強度における効果は実感できています。

しかし、実際にそのような強度を自分一人で設定するのは非常に難しくなります。自分一人でやっているとどうしても自分に甘い限界値を作ってしまいがちですよね。だからトレーニング仲間や私たちのようなパーソナルトレーナーの需要があるのでしょう。

鍛えなければいけない筋肉、増やさなければいけない筋肉は人それぞれ違います。人それぞれに筋肉の付き方などの特徴は違うので、どの種目をどれくらいの強度で、またどの順番で行えばよいのか、十人いれば十通り異なるということです。

できるだけカスタマイズされた自分の体に必要なトレーニングを、頻度を下げても適正な負荷で行うことが、効果を出すための近道です。一度パーソナルトレーナーなどの専門家に相談してみてはいかがでしょうか。

2について

これは一般の方に多い例かもしれません。1に比べると生理学的に効果は出にくくなりそうですが、種目数が減らせる分、毎日行うことができ、生活の中で習慣化されやすいので長く続く可能性があります。

家に帰ってきたら2種目の筋トレをやってから風呂に入る、ランチタイムの間に10分だけスポーツクラブに行って2種目筋トレをやる……など。その際は曜日ごとに鍛える部位を決めておくとよいでしょう。

全身を鍛えるパターンを作ってみたので参考にしてください（筋力トレーニングする際には組み合わせて行ったほうがよい部位があり、その点も考慮しました）。

例）

月曜日：胸（大胸筋）＋背中（僧帽筋）

プッシュアップ＋ダンベルワンハンドロウイング

火曜日：腕の前（上腕二頭筋）＋二の腕（上腕三頭筋）

ダンベルカール＋リバースプッシュアップ

水曜日：肩（三角筋）＋背中（広背筋）

ダンベルサイドレイズ＋ラットプル（チューブ）

木曜日：ももの前（大腿四頭筋）＋ももの裏（ハムストリングス）

フロントランジ

金曜日：臀部（大臀筋）＋ももの付け根（腸腰筋）

ヒップリフト＋チューブニーアップ

土曜日：内もも（内転筋）＋臀部（中臀筋）

アダクション＋アブダクション

日曜日：腹筋群（腹直筋・腹斜筋など）

ツイスティングクランチ＋プランク

1回の辛い筋トレよりも毎日ちょっとずつのほうが頑張れそうだという方は、ぜひチャレンジしてみてください。これであれば毎日筋トレを行っても部位が変わるので、筋肉痛などの問題もありません。しかし、イヤなことは1日に集約したい方には、このパターンは難しいかもしれませんね。少ない種目を週2回に集約したメニューを後に紹介しましたので、参考にしてください。

アドバイス 強度の低い運動を毎日やるか、強度の高い筋トレを週1～2回やる

全身を毎日少しずつ鍛える１週間メニュー

月曜日

胸を鍛える
プッシュアップ
（20回×2〜3セット）

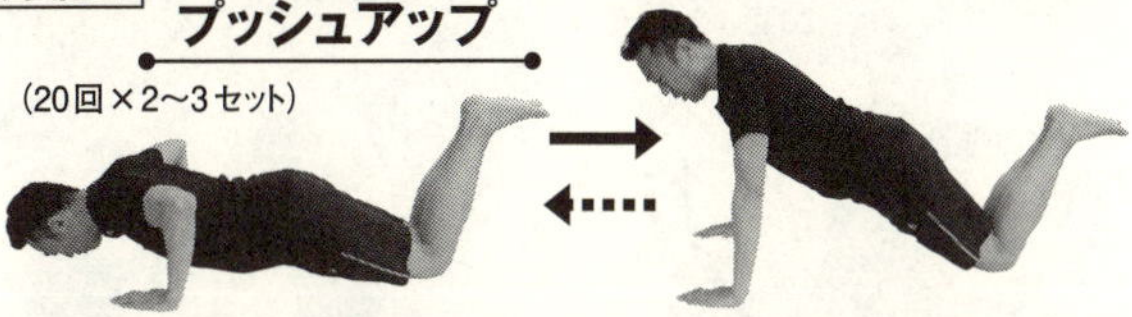

ポイント　両手は胸の横の延長線上に。頭からひざまでまっすぐ一直線のまま上体を上げること。（ひざを伸ばすと強度が上がる）

背中を鍛える
ダンベルハンドロウイング
（左右20回×2〜3セット）

ポイント　ダンベルを床面から垂直にもち上げて、もどす。ひじから上に引き上げるようにする。肩甲骨を寄せていくイメージで。

火曜日

腕の前を鍛える
ダンベルカール
（20回×2〜3セット）

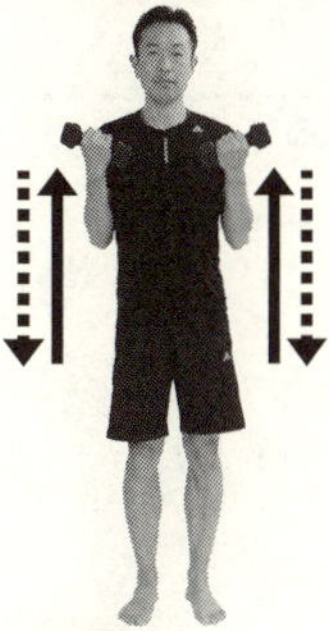

ポイント
わきをしめ、
2カウントで持ち上げ、
4カウントで下ろす。

二の腕を鍛える
リバースプッシュアップ
（20回×2〜3セット）

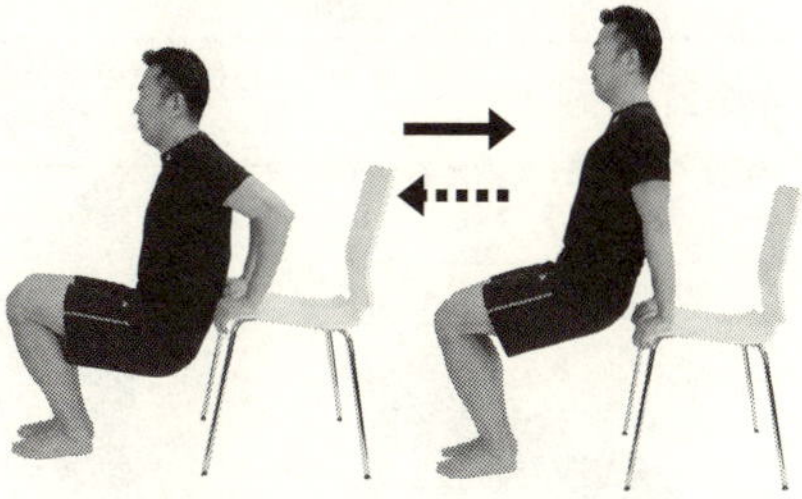

ポイント　指先は前に向ける。わきをしめ、おしりがまっすぐ上に上がるようにする。

水曜日

肩を鍛える
ダンベルサイドレイズ
(20回×2〜3セット)

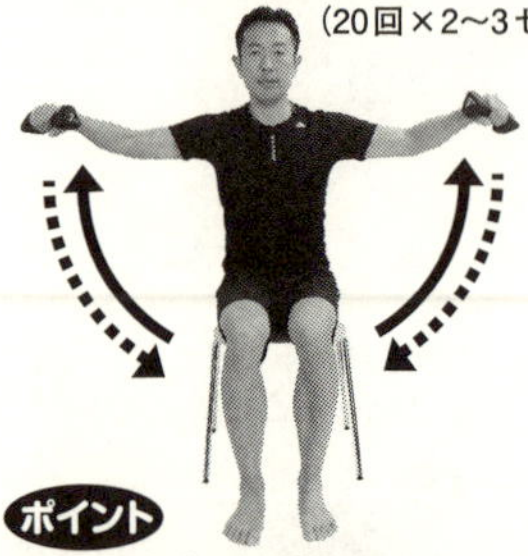

ポイント
軽くひじを曲げた状態のまま、4カウントで真横に持ち上げ、4カウントで下ろす。(重力に負けてダランと下ろさない)

背中を鍛える
ラットプル
(20回×2〜3セット)

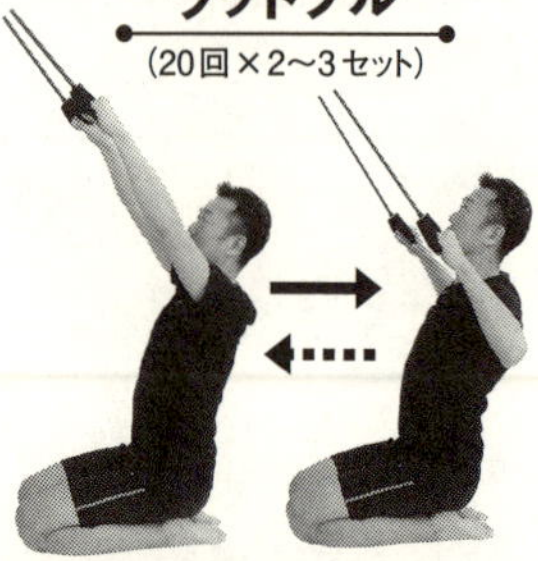

ポイント
腕を曲げるとき、肩甲骨を中央に寄せ、腕を伸ばすとき、肩甲骨を開くイメージで。

木曜日

もも前・もも裏を鍛える
フロントランジ
(左右20回×2〜3セット)

ポイント
まっすぐ立った状態から片足を大きく前に踏み出す。つま先よりひざが前に出ないようにする。

金曜日

臀部(大臀部)を鍛える
ヒップリフト
(20回×2〜3セット)

ポイント
片足をクロスさせて床からおしりを持ち上げる。胸からもも前が一直線になるようにする。

ももの付け根を鍛える
ニーアップ
(左右20回×2〜3セット)

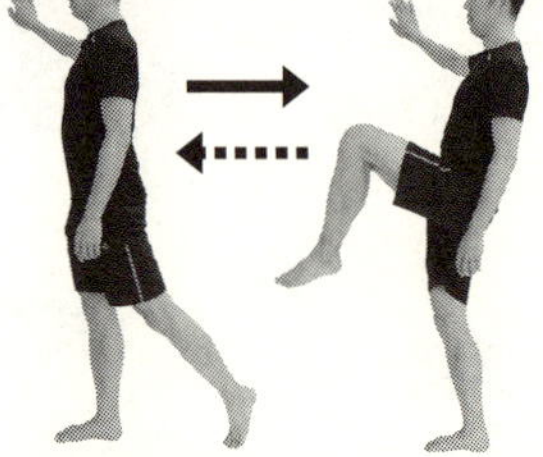

ポイント
片足を後ろにし、ももを90°以上持ち上げる。

土曜日

内ももを鍛える
アダクション
（左右20回×2〜3セット）

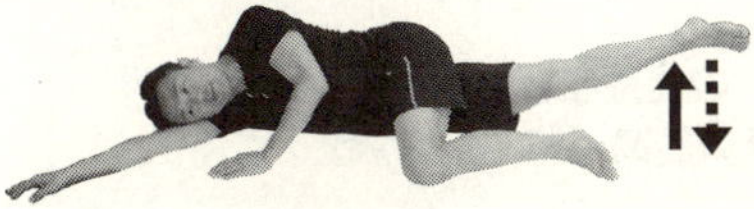

ポイント
上の足を前に出し、下の足を内ももの筋肉を使って、4カウントで持ち上げて、4カウントで下ろす。（重力に負けて下ろさない）

臀部（中臀部）を鍛える
アブダクション
（左右20回×2〜3セット）

ポイント
ひざを軽く曲げ、上へ持ち上げる。ゆっくり下ろすようにする。

日曜日

腹筋群を鍛える
ツイスティングクランチ
（左右20回×2〜3セット）

ポイント
あお向けの状態から上体をひねりながら持ち上げる。（左ひじが右足のひざに向かうようにして）反動を使わないこと。

腹筋群を鍛える
プランク
（30秒間静止×2〜3セット）

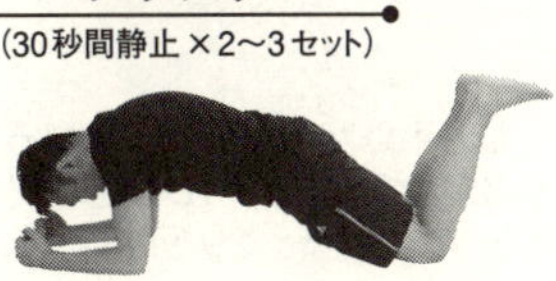

ポイント
両ひじを肩の真下につき、背中を丸める。おしりを引かないようにする。

たった3種×週2回でOK！ スペシャルメニュー①

プッシュアップ ウィズチェア

（10〜20回×2〜3セット）

「プッシュアップ」の強度を上げたバージョン。
これ1つで上半身の筋肉（胸・肩・腕）がだいたい鍛えられる

8カウントで上体を上げて、
8カウントで下ろす。
ゆっくりが効く。

ポイント 頭から肩をまっすぐにし、手は胸の延長線上になるようにする（手を前に出さないこと）。10回を目安に2〜3セット。筋肉がついてくると20回できるように。

ワンレッグスクワット ウィズチェア

（20回×2〜3セット）

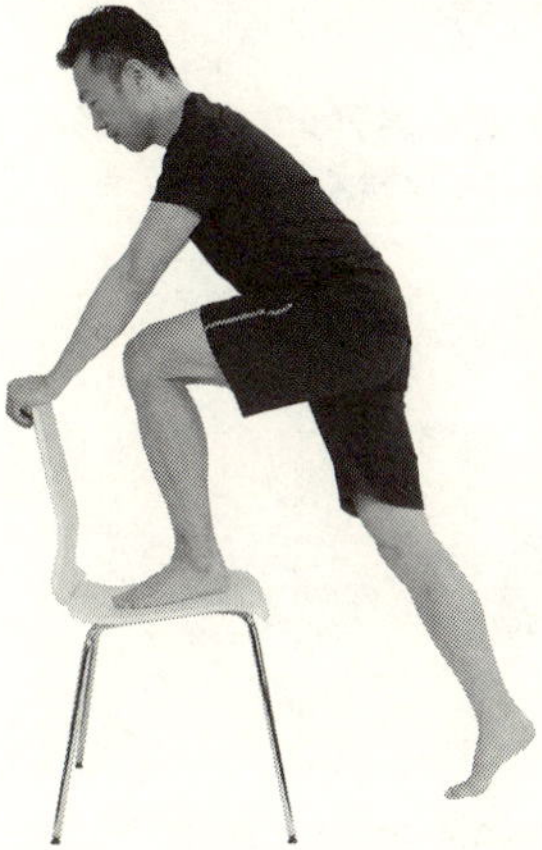

「ワンレッグスクワット」の強度を上げたバージョン。これ1つで下半身の筋肉（ももの前・裏・内側から臀部）がだいたい鍛えられる

8カウントで片足を上げて、
8カウントで下ろす。
ゆっくりが効く。

ポイント

反動を使って上げたり、重力にまかせて下ろさないこと。

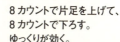

バイシクル

（40回×2〜3セット）

「ツイスティングクランチ」の強度アップバージョン。これ1つで腹筋と肩甲骨まわりを鍛えられる

自転車をこぐように左右交互に。
リズミカルに。

ポイント　ひじとひざを近づけて、肩甲骨を中心に寄せていくイメージで。

NG 8

苦手な運動を無理してやる

「心理」を味方にして続けるコツとは

「中野さん、どうしたら運動が続けられますか？」

答えは一つです。好きな運動なら続けられます。嫌いな運動なら続けるのは難しいでしょう。

でも、**続けられなかった理由を聞くと、多くの方は「忙しいから」と答えます。**

もし本当に好きでたまらなかったら、忙しくても何とか時間を作って運動をするはずです。読書が好きでたまらない人は、どんな忙しくても、通勤電車の中、寝る前のベッドの中など、ちょっとした時間を見つけて読書をしますよね。運動も同じことです。

ここで言っている運動というのは非常に大きなくくりです。ひと口に運動と言ってもいろいろな種類があります。ウォーキングやランニング、水泳、水中ウォーキング、テニス、学生時代にやったバスケットボールやバレーボール、卓球、バドミントン……、なんだっていいのです。

最近流行のトライアスロンやボルダリング、トレイルラン、サーフィンなども、始めるまでのハードルはありますが、はまる人ははまります。

とにかく、まずは試しにやってみなければ分からないはずです。もしつまらないと思ったら、やめてほかのものを試してみればいいのです。そうやって自分がはまるスポーツに出会えた人は成功しています。

嫌々始めたランニングが徐々に楽しくなってきて、今やウルトラマラソンにチャレンジしているような方もいます。特にランニングの場合、はまった方の多くは昔はランニングが大嫌いだったと言います。

健康増進のために何か運動をしようと決意し、運動オンチでもさほど技術を要さないし、気軽にいつでもできてコストもかからないため、導入としてランニングを始めてみたらどんどん速く、長く走れるようになった。そんな自分が嬉しくて皆さんはまっていき、現在のランニングブームへとつながっているのかもしれません。

実は、この**「健康のために嫌々でもまず始めてみて、そうしたら徐々に好きになってはまり、ランニングが続いている」というのは心理学でも説明がつく成功パターンなのです。**

1975年にフィッシュバインとアイゼンがこのように述べています。

「人々が、すべての行動に対して、その人の全体の動機づけを決定するうえで重要な要素は、行動に関する態度である」

では、この心理学でいう「態度」とはどういう意味なのでしょうか？

態度とは……その人がその行動に対して与える「価値や重要度が反映された信念」である。運動に対して肯定的な態度（価値や重要度が反映された信念）を抱けば抱くほど、定期的な運動を実施したいという気持ちになり、実際に行動する可能性が高くなるであろう(Gravelle,Pare,&Laurencelle,1997;Gorely&Gordon,1995)。

難しい話になってしまいましたが、つまりは運動に対して肯定的な態度（価値や重要度が反映された信念）があれば、運動に対する動機付けがなされるということです。

この「肯定的な態度」というのは2つの要素があります。

1 評価態度
2 感情態度

この2つが両方とも肯定的にならないと行動を継続させることは難しいと考えられます。

評価態度とは……その人が運動を役に立つものや有益なものであると考えるかどうかといった、運動に対する価値観である。

健康診断の結果や体型の変化、体力の衰えなどの改善に運動することが有益であると認識すれば、この評価態度は肯定的になります。

感情態度とは……その人がその運動に対して実際にどのように感じているのか？　ということ。

つまり、運動が楽しいと思っていれば肯定的であり、辛い、つまらない、痛いと思っていたら否定的だというわけです。

この評価態度と感情態度の両方が肯定的になった人は、極めて運動が続きやすい傾向にあるのです。

運動が自分にとって有益、または重要だと認知でき、そしてその運動が楽しい、面白いと感じる。これが最強の組み合わせなのです。そりゃ必ず続けられるようになりますよね！

重要だと思った運動でも楽しくなければ続かないし、また楽しいだけでは単なるレジャーになってしまい、継続的に行うことにはつながらないでしょう。

最近では運動の重要性は様々なメディアでも取り扱われているので、運動が自分にとって有効で必要だという認識はある一方で、退屈、きつい、辛い、痛いと感じている。つまり「肯定的な評価態度」と「否定的な感情態度」の組み合わせになっている状態である人が多いのではないでしょうか？　そんな人たちがスポーツクラブを退会していくのかもしれません。

ロバート・バトラーはこんなことを言っています。

『もし、運動を錠剤の中に詰め込んでしまえるならば、その錠剤は、この世の中で最も広範囲に処方され、恩恵をもたらす薬となるだろう』

薬ならまずいと感じても一瞬のことだから、自分の体にとって必要だと思えば飲めるのに……。運動に対する否定的な感情態度は、昔も今も万国共通ということですね。

アドバイス

「自分の体に必要！」「楽しい！」と思えば、「やる気」が続く

NG 9

早くやせたいから、肉体を限界まで追い込む

脳は「頑張らない」ほうがうまくいく！

「いつかはウルトラマラソンに出たい」

そんなことを考えている人は、きっと今から書く話とは真逆《まぎゃく》にいると思うので、どうぞ読み飛ばしてください。

自分の体を極限まで追い込みたいという人が世の中には結構います。

今、「結構」という言葉を使いましたが、多分、それは私がこのスポーツ、またはフィットネスの業界にいるからでしょう。世間から見たらそのような人たちは社会の中でごく少数だと思います。

私も運動するなら極限まで追い込みたい一人です。そうすることによる達成感や肉体的疲労感によりドーパミンの分泌が炸裂し、高揚感が得られるからです。実際にそこまで追い込めたときは、空に向かって「あぁ〜、気持ちいい！」と叫びたくなるほどです。

ですが周りからはどうやら私は変態の域にいるかのように思われているみたいです

（笑）。ということは、明らかに少数派なのでしょう。

ただし、適度な運動でストレスを軽減できることは、脳科学のレベルでもきちんと証明されています。

複数の研究において、**過剰な慢性的ストレスにさらされているラットを運動させると、縮んでいた海馬《かいば》が元の大きさに回復した**という結果が得られているのです。

ひと昔前、海馬の大きさは成人になってからは変化しないといわれていた時期もありました。この運動によって海馬が成長し、人間の思考や感情を満足感や達成感などへ変化させる仕組みは、スイーツやワイン、薬よりも効果的なのです。

しかし、その効果を得るのに適当な運動強度というのは、人それぞれレベルがあるでしょう。限界を超えるレベルだと、そういった効果を得られなくなる人が多いという研究データもあります。

ちょっとキツいけど適度に気持ちいいと感じる強度で、少し物足りないかも……というところでやめておくことです。

もう少し走りたい、もう少し飛ばしたい、もう少しやろうかな？　というところでやめてみてください。そうしたら次の日も運動したい気分になる可能性はぐっと上がります。

運動で大切なのは継続させることです。自らの意志や感情で「また明日もやりたい！」と思える環境を作ることが、成功への近道です。

そうやって継続していくと、気づいたら高強度の運動ができるだけの体力が養われていて、私のような変態の域に達しているかもしれません（笑）。

ですがまだその域ではない皆さんは、今の段階では「もう少しやりたい」というところでやめておいてください。運動も腹も八分目がちょうどいいということです。

アドバイス

運動を習慣化するには「少し物足りないくらい」がちょうどいい

NG 10

サウナ、ホットヨガで汗をかく

「発汗作用で、脂肪が燃えやすい体になる」のカン違い

「健康のために、今日もサウナに行ってきました」

ラジオ収録のときにパーソナリティーの方がそうおっしゃっていました。この仕事をしていると、皆さんがご自身で健康のためにしていることをいつも伝えてくださいます。その方法は本当に人それぞれでとても面白く、時に興味深くお聞きしています。

サウナを使って**体を温める・冷やすことを繰り返すことで、自律神経の働きがよくなり、体温調節の能力が増し、免疫力が高まり、また汗をかくことによってストレス発散にもなる**など、様々な効果が期待できます。私も寒い冬の時期の運動後は体が冷えやすいので、シャワーだけでなくサウナに入って筋温を上げた状態でストレッチをするといった使い方をよくしています。

しかし、一つ勘違いしないでいただきたいのが、**汗をかく量と脂肪燃焼量は比例関係にはない**ということです。

毛穴から出る汗は水分であり、脂が出ているわけではありません。ようやくここ最近、サウナに入る前後で体重を比べて「○gやせた！」と喜ぶ方は少なくなってきたのではないでしょうか。

体重が減ったのは、体内の水分が汗として出ただけということは、皆さんご存じですよね!? ひと昔前まではこのようにサウナで汗を出して体重が減ったことが体脂肪減少になっていると信じていた方が多かったのです。

そこで疑問に感じることが一つあります。高温多湿の環境下で行う「ホットヨガ」と呼ばれるものについてです。

行っている方のほとんどが女性で、おそらくその多くはダイエット目的と思われます。しかし前に紹介したMETsのところで話しましたが、そもそもヨガの運動強度はさほど高くなく、消費カロリーも低いです。さらに高温多湿のところで行えば時間も短くなるだけでなく、運動強度自体も下げなければ危険な状態になってしまうことも考えられます。

高温多湿のおかげで、ただでさえ少ない消費カロリーがさらに下がってしまうにもかかわらず消費カロリーが多いように感じるのは、電解質のバランスが崩れたり血液がドロドロになったりといった体の負担を、そのように錯覚してしまっているからに他なりません。

そもそも、サウナで汗をかくのは脂肪燃焼したからではないという認識はできているのに、ホットヨガになるとそう判断できないのがとても不思議です。

先ほど説明したように、自律神経を整え、体温調節できる能力を養うために、サウナと水風呂を使って交互に温冷を繰り返すように、ホットヨガにおいても何かしらそのような工夫をすれば、ダイエット効果とまではいかなくても、健康に何かしらよい影響を及ぼすと考えられます。

では、体温が上がることと脂肪燃焼はどのように関係しているのでしょうか？

脂肪燃焼の効率を検証するときには、体の中の「リパーゼ」という酵素（別名：脂肪燃焼酵素）の働きに着目します。体温が上がることによってこのリパーゼの働きがよくなることが証明されれば、脂肪燃焼効果が高まると判断できるはずです。

しかしこの体内酵素は体温が1℃程度上昇したときに最も働き、それ以上体温を上げると働きが鈍くなることが分かっています。つまり**高温多湿のところで行うことは、あえて燃焼効率を下げることをしてしまっている可能性が高い**ということです。

この原理はウエアにも関係します。つまり体温が上昇し過ぎるのを抑えるために、吸汗速乾性にすぐれ快適な状態で運動ができるスポーツウエアがオススメということです。それなのに、なぜあえてサウナスーツを着て効率を下げる必要があるのでしょうか？

非常にもったいないし、無意味だと思います。ボクサーが減量期にサウナスーツを着て縄跳びやランニングをしているシーンをテレビなどで見ているために、やせるというイメージがつきやすいのかもしれません。

でも、勘違いしないでください。彼らには厳しい体重制限があるため、脂肪でも筋肉でも排泄物《はいせつ》でも水分でも何でもいいから、とにかく体内から出しきって測定をクリアすればいいのです。皆さんがダイエットする目的とはちょっと違いますよね。

高温多湿の環境をあえて作るメリットは特になく、ウエアも含め、体に負担の少ない快適な運動環境を作れば、安全に、より長く運動をすることが可能になります。

運動をすると徐々に体温は上がっていきます。機能的なスポーツウエアをうまく使い、きちんと体温調整が行われるように気を配ってください。それが効果的なダイエットへの近道です。

アドバイス

そのサウナスーツは、かえって脂肪燃焼効率を下げている

NG 11 基礎代謝を上げようと、インナーマッスルから鍛える

インナーマッスル系ダイエットの真偽

「インナーマッスルって重要ですよね」

はい、とても重要です。**インナーマッスルのトレーニングはアスリートに限らず、皆さんにとってても正しい姿勢を維持するため、またケガや肩凝り・腰痛の予防軽減などのためなどにもとても重要です。**

でも、もしあなたがダイエット目的で運動をすることのモチベーションがさほど高くないのであれば、インナーマッスルのトレーニングをしている場合ではありません。もっと先にやるべきことがあるからです。

人間の体は２００個近くの骨の組み合わせで骨格が形成されています。昔、小学校の理科室に骸骨の模型があったのを覚えていますか？　あれも実際の体と同じく２００個近くの骨で形成されていますが、崩れないようにねじやワイヤーで固定されています。

実際の人間の体では、そのねじやワイヤーの役割を主に靭帯《じんたい》と筋肉が担っています。靭

帯は骨と骨をつなぎ、静的な安定を司る役目があります。

皆さんも一度は「膝の靱帯《じんたい》を切った！」という話を耳にされたことがあるでしょうが、それは大腿骨《だいたいこつ》という腿《もも》の骨と脛骨《けいこつ》という脛《すね》の骨をつないでいる靱帯の一部のことで、この靱帯が切れると、歩くことはできるものの、膝関節がグラグラして不安定な状態になります。

靱帯だけで関節を安定させるのは頼りないため、筋肉がその上からサポートしています。多少グラグラするものの靱帯が切れても歩けるのは、筋肉のサポートがあるおかげです。

その筋肉は2種類に分類され、より深層にあって骨に近い部分にある比較的サイズが小さいものが「インナーマッスル」、表層側にある比較的大きな筋肉が「アウターマッスル」です。

アウターマッスルはインナーマッスルに比べてサイズが大きい分、それだけ大きな力を出すことができます。大きな力を出すことができるということは、より大きな負荷をかけないと鍛えられないということです。その点、インナーマッスルは小さい負荷でも強化することが可能です。

また、アウターマッスルは表層側にあるので、鍛えれば盛り上がったり、引き締まったりして見た目の変化を感じることができます。一方、インナーマッスルは深層にあるため、鍛えても見た目にはほとんど変化は見られず、また動いていること自体を確認することもできません。

そんな地味なインナーマッスルが最近注目をされてきている理由は、インナーマッスルが骨と骨（関節）をつないで安定させている靱帯と、大きな力を発揮して関節を動かしているアウターマッスルの中間、つまり両者の仕事を半分ずつ請け負っている筋肉であるというところにあります。

深層にあるため靱帯に近い形で骨と骨をつないでいるのですが、インナーマッスルと靱帯の大きく違うところは、随意に動かすことができるという点です。ということはつまり、強化することも、また逆に弱くなってしまうことも、そして硬くなってしまうこともあるということです。

靱帯は長さが変わったり強くなったり、弱くなったりすることはほとんどありませんが、**インナーマッスルは非活動の生活をしていれば弱くなり、結果的に靱帯に負担をかけることになります。**

また、**ストレッチが足りなければ硬くなる（短くなる）ので、関節の歪みにつながり不良姿勢を引き起こす一つの要因になります。**つまり、キレイな姿勢や関節のケガ予防の観点からインナーマッスルはとても重要というわけです。

歪《ゆが》みを改善したいとか、スポーツでケガの予防をしたい、腰痛、膝痛を予防したいという美と健康の観点から注目を浴びているのは、そういった理由からなのです。

これは私たちフィジカルトレーナーにとっては非常に喜ばしいことなのですが、ここでもう一度、最初の項の基本に戻って考えましょう。

人間の筋肉は20歳を過ぎると運動などをしていない人は1年で約1％程度の下肢の筋肉量が減少すると説明しました。

この下肢の筋肉とは主に大腿四頭筋やハムストリングス、大臀筋といったアウターマッスルで、とても大きな力を発揮します。この筋肉が衰えると自分の体重を支えられなくなるだけでなく、自分の体重を移動させる、立ち上がることも困難になってしまいます。

もし、あなたが20歳を過ぎて何も運動らしい運動をやってこなかったとしたら、かなりの確率で筋肉量は減少していることでしょう。したがって、まずはインナーマッスルよりも何よりも下肢の筋肉を取り戻す、増やすことが大切なのです。

もちろん股関節周辺のインナーマッスルを同時にトレーニングすればベストですが、最初からインナーもアウターもと、たくさんの種目はできないですしやる気も出ませんよね。

インナーマッスルより下半身の筋肉を鍛える!

低

スクワット

（20回×2〜3セット）

ポイント お尻をつき出すようにしてひざを曲げる。ひざを前に出しすぎたり、内側を向いたりしないこと。

フロントランジ

（左右20回×2〜3セット）

ポイント 片足を前に踏み出し、まっすぐ腰を落とす。つま先よりもひざが前に出ないようにする。

強度

ワンレッグスクワット

（左右20回×2〜3セット）

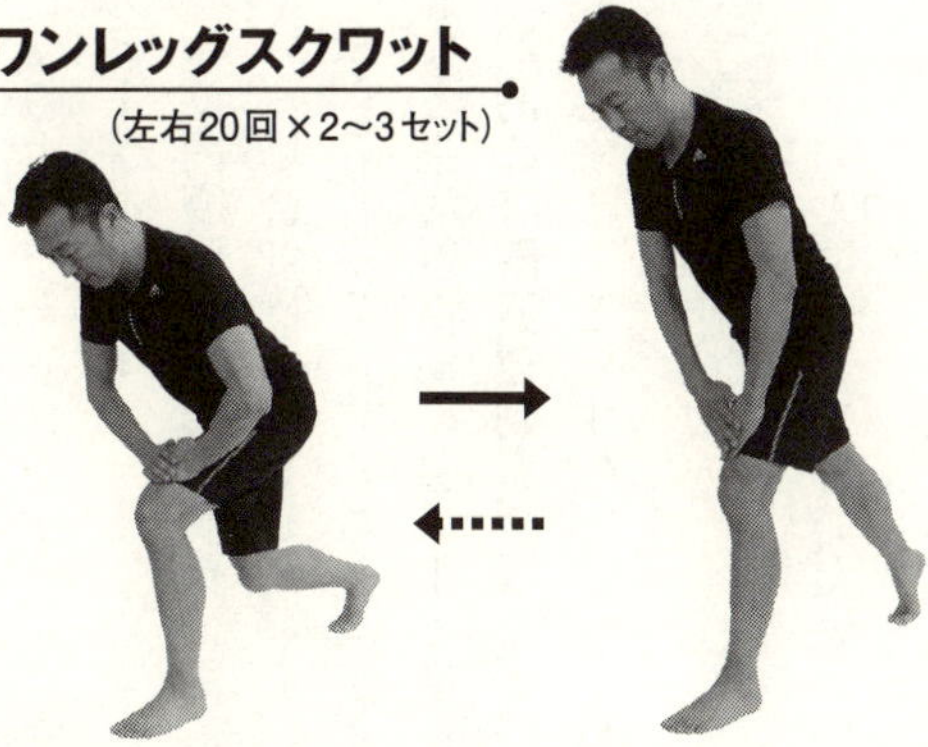

高

ポイント 体重を前足に6割のせたまま、両足のひざを伸ばす。前足のすねは垂直に、ひざがつま先より出ないよう注意。

まずスクワットやフロントランジなどで大きな下肢の筋力トレーニングをすることから始めてください。下肢の筋肉が減少したままだと日々の生活でも疲れやすく、ついついタクシーなどの楽な生活になっていき、ますます筋力低下が進みます。

それに、もしあなたが過体重であり、お腹が出ている内臓脂肪型の肥満体であるならば、これもまたインナーマッスルのトレーニングをしている場合ではありません。

まずは摂取カロリーのコントロールが必要です。そして血液検査をしてみてください。もしかしたら、コレステロール値や血糖値、尿酸値など生活習慣病に関係する項目の値に影響が出ているかもしれません。食事を見直す、定期的に有酸素運動を行うことのほうがはるかに先決問題です。生活習慣病は生命の維持に直結することですので、今、自分がどの程度なのかを把握することはとても重要です。

内臓脂肪型でもない、20歳を過ぎてからも継続的に運動をしてきたという方が、そろそろ体をバランスよく鍛えるためにインナーマッスルのトレーニングを行いたいというのなら大賛成です。

アドバイス

インナーマッスルよりも下半身を鍛えるほうが重要!

NG 12 移動はなるべく自転車を使う

自転車とランニング……消費カロリーが高いのは？

「電動自転車も最近はだいぶ安くなってきて今年こそ旦那に買ってもらおうかと思うのよ」

そうですね。昔に比べてだいぶ安くなってきてお求めやすくなりましたね。ぜひ次のボーナスのときにお願いしてみてください。

でも、もしあなたがスポーツクラブでエアロバイク（自転車漕ぎ）を頑張っているのであれば、ちょっと考え方を変えてみてはいかがでしょうか。生活の中にエアロバイクを取り入れることができるのであれば、電動自転車ではないほうがいいとは思いませんか？

また、なかには自転車を漕ぐと脚が太くなると誤解している方もいるでしょう。たしかに競輪選手は凄い脚をしていますが、普段の生活で移動のために使っている自転車で、あのように明らかに脚が太くなることは考えにくいです。特に女性は筋肉を肥大させる男性ホルモンの分泌量が少ないので心配する必要はまったくありません。

では、自転車とランニングでは消費カロリーはどちらが高いでしょうか？　それは残念ながら圧倒的にランニングです。

自転車は3・5METs《メッツ》、ゆっくりジョギングは6METs、早歩き4・3METs消費カロリー（kcal）＝1・05×METs×時間×体重（kg）で算出されるので体重が60kgであればそれぞれ、

自転車は3・5METsで、1時間行った場合220kcal
ゆっくりジョギングは6METsで、同じ1時間行った場合378kcal
早歩き4・3METsで、1時間行った場合270kcal

またたとえば通勤時などに自転車を使うといったパターンにいえることですが、自転車とランニングを比べた場合、自転車だと大幅に移動時間が短縮されてしまう、つまり運動時間が短くなってしまうので、意外に消費カロリーは稼げないというのが実情です。

もちろん車や電車を使うよりは運動になりますし、経済的かつエコでもあるのでそれ以上のメリットは享受できると思います。

さらに、ランニングと自転車では、消費カロリー以外にも大きな違いがあります。

同じ下肢を使う運動なので一見同じように思われるかもしれませんが、**実はランニング**

と自転車では使っている筋肉が違うのです。

一般的に自転車の場合は、ペダルを漕ぐときに腿《もも》の前である**大腿四頭筋**を主に使ってペダルを押し下げます。つまり腿の前側を主に使います。一方のランニングでは、軽度の前傾姿勢で脚を蹴り上げるという動作がきちんとできている場合、**腿の裏のハムストリングスや臀《でん》筋**が主に使われます。

しかし自転車の場合でも、選手が使うような脚をペダルに固定するバンドを使用する場合は、ペダルを腿の後ろ（ハムストリングスや臀筋）を使って引き上げるので、ランニングと同じように裏側が使えます。とはいえ、それはあまり現実的ではなく、実際にはやはり腿の前を主に使うことになります。

面白い話があります。先日ツールドフランスに参加しているある日本人選手のドキュメンタリー番組を見ていたときのことですが、彼はオフの日に町を歩いているときはすぐに疲れてしまうし、電車でも立っているのが辛くて、すぐに座ってしまうというのです。

ツールドフランスに出場できるくらいのトップレベルの選手ということは、相当な速度で何百kmも走れる脚を持っているはずなのに、歩くと疲れてしまう。それはつまり、歩く・走る・自転車を漕ぐ・立つ、それらすべて下半身の動作ではあるけれど、使っている部位や使い方が違うため、得手不得手が生じてしまうということを顕著に示しています。

もし、あなたが普段から走ることを中心に運動を頑張っていこうと思うのであれば、最初のうちは自転車よりも走ることで、走るための脚の使い方を習得していくことがよいと思います。そのほうが速く走れる脚を作ることができ、早い段階で無理なく長時間走れるようになります。

私も普段は走ることがメインなので、たまに自転車に乗ったり、スポーツクラブでエアロバイクを漕いだりすると異常に疲れます。ちょっと漕いだだけで、もう汗だくです。

しかし、ランニングが原因で生じた障害のリハビリ期や、膝に障害を抱えていて下肢の関節に負担をかけずに運動をしたいときには重宝しています。

運動を行う時間をきっちり設けることができる方はいいですが、そうでない方は普段からどうやって楽をして生活するかというスタイルから、どうやってより疲れるように生活するかという発想にシフトしていくことが、成功への近道となることでしょう。

アドバイス

太ももの前を鍛えるなら自転車、もも裏を鍛えるならランニング

第2章

「食事」

――筋肉を落とさない食べ方が正しい!
ダイエット成功者が「やらない」11のこと

NG 13 ヘルシーな野菜だけを食べる

山盛りのサラダを食べても、代謝のいい体をつくれない理由

「お野菜がいっぱいでヘルシー！」

と女性が話しているのを聞くと、ちょっと不思議に思います。

やみくもに野菜が健康的であるとする風潮に私はあまり賛同できません。野菜が健康的なのではなく、「野菜も健康的である」というのが正解です。

「5大栄養素」という言葉を皆さんはご存じでしょうか。

糖質・タンパク質・脂質・ビタミン・ミネラルが5大栄養素で、さらにその中でも重要で栄養の軸となるのが3大栄養素といわれている糖質・タンパク質・脂質です。

人間の生命を維持するためにはこの5つの栄養素が必須であり、バランスよく摂《と》らないと健康に害を及ぼします。何かだけを摂りすぎると何かが足りなくなりますし、何かが体にとって悪だと信じてまったく摂らないようになれば、当然体に問題が生じてきます。

そんなこと分かっている！　と叱られそうですが、その悪者扱いをされてしまう代表格

が糖質（炭水化物）です。いつから炭水化物が悪者になったのでしょうか？

白米が体に毒なのでしょうか？ もしそれが本当ならば、これだけ白米を多く食べる日本人の平均寿命は、世界の中で明らかに低いレベルにあるはずです。詳しくはあとの項で説明します。

また、肉も悪でしょうか？ 牛肉は体を滅ぼしますか？ 年をとったら肉は控えるべき？ そんなことないです。肉は良質なタンパク質を多く含んでいます。もちろん肉を食べなくても、豆などからでも植物性のタンパク質は摂れます。しかしアミノ酸スコア（※）という観点からすると、植物性のタンパク質はバランスがいいとは言えません。

しかし、「草食動物は草だけでもあれだけの体を作ることができているではないか！」とおっしゃる方もいます。それは人間ではなく草食動物だからです。草食動物の消化器は人間と違ってかなり発達しており、牧草を消化器で分解して牧草に含まれている微量のタンパク質を有効活用できますし、またその分解能力で牧草から糖を作ることもできます。だから、牧草だけでもあれだけ立派な体を作ることができているのです。

しかし、人間はそうはいきません。

もちろん摂りすぎれば、同時に脂質も過剰に摂ることになって健康を害してしまうことは間違いないですが、**十分な動物性タンパク質の摂取は筋肉量を維持する意味で、また、ほかの様々な細胞を作る上でもとても重要です。**

最近の研究では以下のような報告があります。

骨格筋タンパク質を合成するタンパク質／アミノ酸摂取能力を若い人と高齢者で比較した場合、少量（7～10g以下）では若い人は骨格筋タンパク質合成を刺激するが、高齢者ではほとんど刺激しないそうです。言い換えれば、高齢者はアミノ酸を摂取しても少量では骨格筋タンパク質を合成する能力がないということです。

この理由として、分岐鎖アミノ酸（ＢＣＡＡ）に対する骨格筋の感受性の鈍化が挙げられます。分岐鎖アミノ酸の中でも特にロイシンが骨格筋タンパク質合成に対して有力な刺激効果を持つとされており、つまりこのロイシンの量を増やすと、高齢者でも骨格筋タンパク質の合成を刺激することができると考えられます。

具体的には25gから30gのタンパク質、あるいは2g以上のロイシンの摂取はアミノ酸利用率を改善し、若い人と同じ程度の骨格筋タンパク質の合成を実現できるとされています。つまりアミノ酸に対する感受性が加齢とともに鈍化しても、十分な**タンパク質の摂取は高齢者の骨格筋低下の進行をゆるめ、改善してくれる**ということです。

このことからも、高齢になれば肉を控えて野菜中心の食事をしたほうが健康的であるという考えは間違っているということがお分かりいただけるかと思います。

むしろ、まったく逆で、若いころと同じタンパク質の量では筋肉量を維持するのに足りないから、高齢になるに従ってより多くの摂取が必要になってくるのです。

加えて**高齢になればなるほど合成能力も衰えてくるのですから、アミノ酸スコアが低く非効率な植物性タンパク質だけではなく、積極的に効率のいいアミノ酸スコア100の動物性タンパク質も摂ったほうがよいといえます。**

もちろん野菜が必要ないと言っているわけでは決してありません。

皆さんが野菜を摂る必要性を感じているのは、食物繊維とビタミンについてだと思います。これもちょっとした知識があれば、そんなに山盛りの野菜を食べなくてすみます。

ではこの2つについて簡単に説明していきます。

まず、炭水化物とは糖質と食物繊維を合わせたもののことです。食物繊維には腸を掃除したり、血糖を下げたりする働きがありますが、栄養はないので栄養素として分類はされません。そういった理由で5大栄養素という場合は糖質だけを指すようになってきました。

それはさておき、食物繊維を摂ることの必要性を感じているのは、女性が便秘予防を意識してのことが多いでしょう。そこで野菜の中で食物繊維をいかにも多く含んでいそうなものの代表として、「レタス」を思い浮かべる方が多いのではないでしょうか。

しかし実際に**レタスには皆さんが期待するほど食物繊維は含まれていません。**レタス100gでたった1・1gです（1玉でおよそ2・7g）。といってもピンとこないかもしれませんが、以下に記すほかの野菜と比較してみるとお分かりいただけるはずです。

（同じ100gで計算すると）
ゴボウ……6・1g　グリーンピース……5・9g　オクラ……5・2g　にら……4・3g
かんぴょう（乾）……30・1g　切り干し大根（乾）……20・7g

『レタス○個分の食物繊維！』

このような宣伝文句が入っている商品は疑ってかかったほうがいいでしょう。そもそも含まれている量が少ない食品をピックアップして、1日で何十個も食べなくてはいけないんです！　というのは、ちょっとした詐欺《さぎ》だと私は思います。

食物繊維の摂取目標は、成人であれば1日で最低でも20g以上です。レタスなら食物繊維のことだけを考えた場合、1日で7玉以上食べなければなりません！

ですから、朝食昼食夕食と山盛りのレタスサラダをつけても、食物繊維的にはまったく足りていないのが現実です。そのレタスを食べるのにドレッシングで油や塩分も同時に摂取するわけですから、そちらのほうが心配になってしまいます。だったら**切り干し大根を100g食べるほうがよほど楽だし、カロリーや塩分オーバーの心配もありません。**

またビタミンCについても、それぞれの含有量を知れば、やみくもに食べまくらなくてすみます。ビタミンCは犬や猫などの動物は自分で作り出すことができますが、人間にはそのような機能はありません。だから食物等からの摂取が必要です。

ビタミンCの推奨摂取量は成人で1日あたり100㎎とされています。レモンはビタミンC含有量が多い食品の代表のようにいわれますが、実際には100gあたり100㎎です。レモン100gはちょっと大変ですよね。

しかし、赤ピーマンであれば100gあたり170㎎、ブロッコリーであれば120㎎です。

比較的手軽に購入しやすいビタミンCが多い食品トップ10は以下の通りです。

①赤ピーマン　②黄ピーマン　③ピーマン　④ゴーヤ　⑤キウイ
⑥レッドキャベツ　⑦イチゴ　⑧柿　⑨ブロッコリー　⑩カリフラワー

このように、色の濃いめの緑黄色野菜や果物にビタミンCは多く含有されています。

色の濃い野菜を選ぶようにするだけで、そんなに多くの量を食べる必要はなくなります。

「毎日、ボウルいっぱい山盛りのサラダを朝と夜に食べます！」と、あるタレントさんがテレビで言っていましたが、そんなに野菜ばかり食べたら、ほかの栄養素が摂れなくなっていないかと心配になってしまいます。

※アミノ酸スコアとは……食品中の必須アミノ酸（体内で十分な量を合成できず、食事などから栄養分として摂取しなければならないアミノ酸のこと）の含有比率を評価するための数値である。100が満点でそれぞれの食品が数値で評価されている。

アドバイス

高齢者こそ野菜より肉を食べろ

NG 14 手軽に栄養が摂れる野菜ジュースを飲む

「野菜の代わりになる」「便秘解消にいい」と思っていませんか

「野菜ジュースだけでもいいから飲むようにしています。飲まないよりいいですよね?」

この質問に遠慮なく率直に答えるなら、「市販の野菜ジュースなら、摂っても摂らなくてもあまり変わらないですよ。野菜ジュースだけに頼っているのであれば、むしろ飲まないほうがいいです。ただの野菜の搾《しぼ》り汁と砂糖を飲んでいるようなものですから」と言わざるを得ません。

「1日分の野菜が摂れる」「緑黄色野菜○gが摂れる」といった文言を見ると、それらの野菜ジュースを飲めば、一日三度の食事からまったく野菜を摂らなくていいという印象を受けてしまいます。ですがこれらの野菜ジュースに表示通りのビタミンなどの栄養素が含まれているのかははなはだ疑問です。

その理由を挙げていけばきりがないですが、まず考えられるのは、野菜は収穫時期、つまりその野菜が旬であるかないかで栄養価は変わってきます。収穫時期の指定もなく、通年発売されている同じ野菜ジュースがいつでも売られていること自体、栄養価がいつも同じではないといえるでしょう。

そして野菜ジュースとして加工されるまでには、長時間かけて外国から輸入されてくるものもあれば、長期にわたって冷凍保存をされている場合もあります。

さらに野菜ジュースという商品になるまでには、野菜を搾る、加熱する、添加物を加えるなど、様々な加工がなされます。それら一連の工程を経ても、理論通りのビタミンがしっかり残っているといえるでしょうか。

熱に弱いビタミン……ビタミンB_1、ビタミンC

光に弱いビタミン……ビタミンA、ビタミンD、ビタミンK、ビタミンB_2、ビタミンB_6、ビタミンB_{12}、葉酸

これらのビタミンは輸送や殺菌、加工工程などで受ける熱や光によってかなり失われている可能性があります。

ここで一つ、重大なポイントがあります。「食品」と「医薬品」の違いについてです。

「食品」は医薬品と違い、加工前の段階で、どの栄養素がどれだけ入っているのか表記することができます。

たとえばトマト2個、レモン1個を丸ごと使用している場合、消費者の手元に届くまでにそれらの中に含まれている栄養素がどれだけ破壊されてなくなっていたとしても、トマト2個、レモン1個と表記しても問題はないということなのです。

つまり、「加工前の段階では○g入っていました、でも、今あなたが手に取った段階ではどれだけの量になっているか分かりませんよ」という意味の表記なのです。それでも食品というカテゴリーに含まれる以上、そのような表記が許されています。

それに対して「医薬品」は、実際に体に摂取される量を表記しなければなりません。医療用サプリメントと、食品としてのサプリメントや機能性食品との違いもこういった点にあります。

次に食物繊維についてです。食物繊維は水溶性食物繊維と不溶性食物繊維の2つに分類されます。

水溶性食物繊維は、こんにゃく、寒天、海藻類などに多く含まれ、文字通り水に溶けやすい性質を持ち、血糖値やコレステロール値の上昇を抑える働きがあります。また便の水分を保持してスムーズに出しやすくする効果もあります。

不溶性食物繊維は野菜、穀類、豆類、イモ類などに多く含まれ、水に溶けにくい性質で、便の量を増やしたり腸を刺激したりする働きがあります。よって、こちらは便秘への直接的な効果が期待できます。

残念ながら**ジュースに含まれている食物繊維の多くは水溶性**であると考えられます。したがって「これ1本でレタス○個分の食物繊維が摂れる」と期待して便秘解消狙いで飲んでも、不溶性食物繊維の割合が少なければ、あまり効果は得られないでしょう。

このように説明していくと「ではスムージーはどうですか?」という質問をよく受けます。たしかにスムージーであれば、不溶性食物繊維も一緒に摂れるだけでなく、自宅で作りたてを飲むのであればビタミンが破壊されることも少なくてよいと思います。市販の野菜ジュースよりはだいぶマシです。

とはいえ、やはり野菜は実際に咀嚼《そしゃく》して食べることによって、野菜本来のうま味や食感を楽しんで満足感が出るものです。また、特に根菜類などは噛む時間が長くなるので、その分、唾液の分泌量も増し、その結果、満腹中枢が働きやすくなり、ダイエット効果にもつながります。スムージーもいいですが、時々はしっかり食べるようにしてください。

アドバイス 「1日分の野菜」「○個分の食物繊維」などの食品表示に惑わされないこと

NG 15

太りそうな糖質を抜く

「体重」は減っても「体脂肪」は落ちない謎

「糖質制限ダイエットに関して、中野さんはどう思われますか？」

私の見解はいろいろありますが、その前に日本糖尿病学会では「現時点では勧められない」としています。そして「極端な糖質制限は危険である」、また「6カ月～1年あまりの短期であれば体重も減り血糖値も改善するので効果はあるが、長期的には心血管疾患のリスクが高くなる」ということのようです。

このことを踏まえた上で私なりの意見を述べさせてください。

複数のドクターに話を伺ったり、メディアなどの様々な情報から判断すると、一概にすべて糖質制限はよくないとは言い切れないと思います。

たとえば、インスリンなど代謝系の疾患がある人は、専門家の指導の下《もと》で完全に糖質を抜かなければならない場合もあるということです。しかし単純に、そして安易に「糖質をやめたらやせそう」とか「ちょっと抜いたらやせたから効果ありそう！」と自己判断で行うのは危険であると私は考えます。

では、まず糖質を完全に抜くとどうなるのか、ということから説明していきましょう。

実際に行った方たちから最も多く聞かれるのが、「ぼーとして仕事が手につかない」「集中力が保てない」などといった声です。脳を働かせるためのエネルギー、さらに脳だけでなく体を動かすためのエネルギー、つまりガソリンのような役割を果たしている糖質を抜くと、全身がガス欠のような症状になってしまい、そのような感覚になるのでしょう。

人間のエネルギー源は主に糖質と脂質です。食事から摂った糖質は、体を動かすことに最も素早く効率よく使われます。もし血中に糖質がなくなっても、肝臓や筋肉に蓄えられてある糖質が使われます。

では、その分も枯渇《こかつ》するとどうなるのか。ようやくもう一つのエネルギー源である脂質、つまり体脂肪が使われるのでは……と期待された方も多いでしょう。

しかし、そこがちょっと違うところ。実は体脂肪も糖質と同様、普段からエネルギーとして使われています。エネルギー源は糖質だけでなく、糖質と脂質が共同でその割合を適宜変えながら供給しているのです。

「だったら糖質がなくなれば、体脂肪だけが効率よく使われるのでは!?」と思われるかもしれません。ところが、これもまたそうはいかないのです。

糖質が不足することで、もしかしたら、これ以上この体にはエネルギーが補給されないのかもしれないという判断がなされると、体は一種の危機反応を起こします。

脂質は体脂肪という形で体中に大量に蓄積できる優れたエネルギー源であり、それは危機に備えてとっておきたいため、**糖質が入ってこないならば、タンパク質である筋肉を使って糖を作ってしまおう！ という反応が起きてしまうのです。**これが前にも説明した「糖新生」という反応でした。

極端な糖質制限を行うと、運動をしながら筋肉が減っていくというちょっと変わった現象が体に起きてしまうのです。糖新生が起こると、体脂肪よりも比重の高い筋肉が減ってくるので、当然、体重は面白いように減っていきます。

また体内において糖質は1分子に対し3分子の水を吸着させます。ということは糖質をカットすれば水分も同時に減ることとなり、さらに体重は減少します。つまり**糖質制限で体重が下がるのは、主に筋肉量の減少と水分量の減少によるものが大きい**ということです。

それであっという間に体重が減少するのです。もちろん、体脂肪がまったく減っていないわけではありませんが、筋肉は人間の体の中で最も効率よく、そして大量に体脂肪をエネルギーとして使ってくれる器官です。その筋肉を減少させてしまうのは本当にもったいない。筋肉が十分にあることによって、活動的で健康的な生活が送れるという基本的なことをどうか忘れないでください。

そして、そもそもですが、日本人は炭水化物が大好きですよね。私も大好きです。炭水化物をまったく摂らないということは、ラーメンもカレーライスも、寿司、うどん、そば、パスタ、パン、おにぎり全部食べられないということです。ちょっと辛いですよね。それでも健康のため、長生きするためにこれらを必死に我慢しよう！　と思っている方も多いでしょう。

でも、ここではっきりと言わせてください。炭水化物を食べているからといって寿命が縮まることはありません。そして不健康になるということも絶対にありません。大事なのは適量を摂ること、もし摂りすぎてしまっても、運動で消費してあげればすむ話です。

では、1日の炭水化物（穀類）の摂取量はどれくらいなら問題ないのでしょうか？

ここでは穀類3点式という方法をお伝えします。これは1日の中で穀類摂取量を点数化して1日3点までしか摂らないという方法です。

穀類3点式

「茶碗1杯のご飯を1点」これを基準にして、1日3点を上限とします。

この茶碗1杯というのは約40〜70gです。40〜70gと差があるのは、男女差や体格、生活強度も違うので幅を持たせました。体重80kgの男性で外回りの営業職の方なら70gでもかまわないですが、女性で体重40kg台、事務職の方などの場合は40gで十分でしょう。

この量は、実際に量っていただければ分かると思いますが、想像以上に少ないです。手の平にちょこっと乗るぐらいの分量です。

1点……茶碗白米・茶碗玄米（40〜70g）、うどん1杯、そば1枚、すし1人前
1・5点……パスタ（80〜100g）、食パン1枚
2点……丼物1杯、ラーメン1杯、カレー1人前

たとえば、朝食に白米を1杯食べて、昼食に丼物を食べたら、夜は穀類を摂ることができません。また朝食で穀類を抜いても、昼食にラーメンライスにすると、夜は穀類を摂ることができません……といった具合に、1日の上限を3点と計算しながら食事をしてみて

ください。

そして、よくある質問が、「同じ1点なのに、種類によって格差があるのはなぜですか?」というものです。

たとえば、そばやうどん、寿司などは明らかに茶碗40~70gのご飯に比べたら多いですが、ご飯はそれ以外におかずを食べることがほとんどで、そのおかずにも炭水化物は含まれるので少なく設定されているのです。

慣れてくると結構簡単で、すぐに穀類の量を調整できるようになります。穀類が大好きな方にとっては最初は少しキツいかもしれませんが、これに慣れてくるとダイエット成功にグッと近づきます。

完全に炭水化物を抜いてストレスを溜めたり、大切な筋肉を減らしたりすることがないよう、このように賢く意識して量をコントロールするように心がけてください。

アドバイス

糖質カットは筋肉量カット。逆に太りやすい体になる

NG 16 高カロリーな肉を控える

「カロリー制限」をしてもやせないのは、こんな栄養不足が原因だった

「このレストランはすべてカロリー表示をしていますので、女性にも好評です」

たしかにダイエットにおいてカロリーは重要です。ダイエット成功の大前提は摂取カロリーが消費カロリーを下回ることです。

私もランニングなどの運動が十分にできなかったときは、カロリーを気にしてメニュー選びをします。でも、実はそこに落とし穴が潜んでいるのをご存じでしょうか。

カロリーだけを気にしていたら、カロリーは抑えられても、栄養障害を起こしてしまう可能性があるのです。

高カロリーといって、まず敬遠されがちなのが肉ではないでしょうか？　肉は高カロリーで不健康というイメージをお持ちではないですか？

もちろん肉を摂りすぎると、同時に脂質も摂り過ぎてしまうので生活習慣病の一要因になるのは間違いないですが、適量であれば、まったく問題ありません。では、どれくらい

が適量なのでしょうか。

一般に、**体重1kgに対して0・8〜1・2g程度のタンパク質が必要**だといわれています。といわれても、毎食これを計算するのは大変ですよね。

そこで参考になる基準が「手の平《ひら》20g」です。

肉や魚など手の平サイズで、だいたいタンパク質が20g程度含まれています。

最低限のタンパク質量でカロリーを極力抑えたい女性の場合、体重が45kgだとしたら、45kg×0・8＝36gなので、手の平サイズの牛肉か豚肉、鶏肉のどれかを1日1回、そして手の平サイズの魚を1日1匹、それで40gなので必要最低限は摂れます。

しかし、タンパク質はそれ以外にも副菜のおかずになる卵や穀類、豆類などにも含まれているので、実際には1日1回の肉・魚を手の平サイズよりもちょっと小さめというように考えるといいでしょう。

また、体重が70kgの男性で運動を行っている人であれば、70kg×1・2g＝84gは摂ってほしいです。その場合、手の平サイズの牛肉1回、手の平サイズの豚肉1回、手の平サイズの魚1匹、卵2個（タンパク質の含有量が1個あたり6g程度なので12g）、牛乳2杯（1杯の含有量が5g程度なので10g）これだけ摂る必要があります（あくまでも穀類や豆類などからのタンパク質の摂取はなかったと仮定した場合の目安です)。

体重や運動の可否によっても、これだけの違いは出てきます。もし肉類を多く食べたければ、それだけ運動をすれば体重1kgあたり上限の1・2g程度まで上げることができます。(アスリートレベルになると体重1kgあたり1・8g~2・2g程度は必要な場合もあります)。

では、「特に運動を頑張っているわけではない、コレステロールや尿酸値など健康面の不安もある」という方におすすめな、タンパク質摂取を的確に行う一つの方法があります。

それは肉を分類するという方法です。

A群:牛肉・豚肉・鶏肉
B群:魚介類

A群の3種類の肉を1日の中で全部食べてしまうと、オーバーカロリーかつタンパク質摂取量としても明らかに過多になっている場合があります。

たとえば、

朝……ベーコンエッグと食パン、サラダ、牛乳
昼……ハンバーグ定食
間食……卵とチキンのサンドイッチ・カフェラテ
夜……焼き魚定食と肉じゃが

ありがちなパターンですが、4回の食事すべてにA群の肉類が入っています。ここまで摂らなくてもいいのです。

A群の牛肉・豚肉・鶏肉は1日の中で1種類のみと決めてみてください。特に量までは指定しません。朝にベーコンエッグで豚肉を摂ってしまうと、もう肉類は1日の中で摂ることができないのでもったいないですね。また、B群の魚介類も1日の中で1回のみと決めます。魚が健康的だとして3食とも魚を摂っていると摂りすぎです。

このように、**牛肉・豚肉・鶏肉は1日1回。魚介類も1日1回**と考えながら食事をしてみてください。

これだけではタンパク質が足りないのでは？　と思う方もいると思いますが、アミノ酸スコアは下がるものの、納豆や豆腐などの豆類や白米にもタンパク質は含まれます。また

良質なタンパク質は牛乳やチーズなどの乳製品や卵にも含まれますので、それらを食べる習慣がある方は、この分類式を行っても十分でしょう。

肉を食べてはいけないわけではないです。目安量の基準が分からないのが問題なのです。

それが分かれば、その基準内で摂ってあげる分にはなんら問題はありません。

しっかりタンパク質を摂って筋肉量の減少を予防、また、運動で得られる筋肉量の増加の効率を最大限に上げましょう。それがダイエット成功の秘訣でもあります。

アドバイス

「カロリー」より「タンパク質不足」に気をつけて食事をする

NG 17 牛乳を脂質の少ない豆乳に変える

牛乳に多く含まれる「あの栄養素」に注目！

「ソイラテ（牛乳の代わりに豆乳を使ったカフェラテ）でお願いします！」

スタバでそう注文する女子高生を目の前にすると、「牛乳は悪ではありませんよ！」と、いつも言いたくなってしまいます。**「牛乳が不健康で豆乳が健康的」ということはありません。**牛乳は立派なアミノ酸スコア100の食品であり、タンパク質を効率よく摂取できる食品の代表選手です。

一部の研究者が「牛乳は不健康であり、人間にとって害であり、毒である」とメディアで盛んに発表していますが、もし本当にそうであれば厚生労働省やWHO（世界保健機関）が黙っていないでしょう。何かしらの摂取基準の勧告を出すはずですよね。

また、牛乳消費量が全国2位である長野県は、平均寿命が全国トップです。もし牛乳が健康を害するものであるのなら、寿命にも少なからず影響してくるのではないでしょうか？

牛乳が害であるという印象が持たれる一つの要因として、乳糖が関係しているのではないかと考えられます。たしかに日本人は牛乳に含まれる乳糖が分解できずに、牛乳を飲むとお腹を壊しやすい（下痢《げり》をしやすい）という体質の方も多いです。

しかし、それは小麦粉やナッツでアレルギーを起こすのと同じことです。もし乳糖が分解できなくてお腹を壊してしまう方は、乳糖の入っていない乳製品であるヨーグルトやチーズでもかまいません。乳製品も1日の中でしっかり摂るようにしてください。

乳製品はタンパク質だけでなくカルシウムも多く含みます。

特に女性にとってカルシウムの摂取不足は深刻な問題です。40歳を超えると女性は骨密度が急激に低下し、閉経を迎えるとさらに低下するため、骨粗鬆症《こつそしょうしょう》になるリスクが女性は非常に高くなります。そうすると、ちょっと転倒しただけで大腿骨を骨折したり、手をついたときに手首を骨折するコーレス骨折を起こす場合も生じてきます。

また、もっと深刻なのが背骨の圧迫骨折です。背骨は24個の椎骨が積み木のように積み重なってできています。その一つ一つの骨がつぶれて圧迫骨折を起こしてしまうのです。そうなると背中が丸くなる円背《えんぱい》という状態になってきます。筋肉の柔軟性や筋力が低下して背骨が歪《ゆが》んで背中が丸くなっているのであれば、ストレッチや筋力トレーニングである程度改善することができますが、椎骨自体がつぶれて円背の状態になってしまっている場合、改善することは非常に困難です。

改善できないのだから、早めに気づいて対処するしか方策はありません。背骨自体がつぶれてくるので当然、身長が縮んできます。1年で3cm以上の身長の低下があれば骨粗鬆症の可能性を疑う必要があるでしょう。

では、実際にどれくらいのカルシウムを摂ればよいのでしょうか？

まず重要なポイントは、カルシウムはミネラルなので摂りだめができないということです。したがって毎日摂取する必要があります。それも、最低でも1日にだいたい800mgは摂ってもらいたいです。牛乳1杯には約200mgのカルシウムが含まれています。これほど効率よく摂れる食品は他にありません。しかも安価で、どこでも手に入るのです。

冒頭の女子高生の話に戻りますが、私が彼女たちにそう伝えたいのは、「ピークボーンマス」（男性の骨量、つまり骨密度は30歳をピークに年をとるほど減少し、女性の場合は20歳がピークで、特に閉経後急激に減少する）という理論が関係しています。

10代のころから骨に刺激が加わるような運動習慣と、牛乳などカルシウムを多く含む食品を摂る習慣がある人は、ほかの人に比べて骨密度が高いので、40歳を超え、また閉経を

迎えて骨密度が下がってきても、骨粗鬆症になるレベルまで骨密度が低下しないですみます。だから10代の今こそソイラテではなく、普通のラテを選んでほしいのです！

そしてもう一つ。**ダイエット目的で運動している方は、カルシウムをより積極的に摂るように心がけてほしいです。**

運動をしていると普通の生活をしているよりも筋肉を多く使います。筋肉を動かすと血液中の電解質（カルシウム）が多量に使われ、そのまま補給されないと痙攣《けいれん》を起こしてしまうことがあります。それを防ぐために、食事でカルシウムが入ってこないときは、人間の体は自分の骨を溶かすことでカルシウムを血液中に補充し、電解質のバランスを保とうとします。

つまり、**運動で筋肉を動かし、それに見合った量のカルシウム補給がなされない場合、ダイエットのために運動をして体脂肪が減ったとしても、一緒に骨も減ってしまう**恐れがあるということです。

私は運動指導の際に、必ず運動後30〜90分以内に牛乳（乳糖不耐症でお腹を壊してしまう方はヨーグルト）を摂取することを強く勧めています。牛乳はカルシウムだけでなくタンパク質も多く含みますので、運動している人にとっては最高の食品です。

骨は運動のインパクトによって微細骨折が起きています。運動後に牛乳を飲むことで、その（微細骨折の）修復材料であるカルシウムと、運動による筋線維損傷の修復材料であるタンパク質を両方摂取でき、骨と筋肉の両方が強化されます。しかも運動後90分以内は成長ホルモンが分泌している関係で最も吸収がよい状態になっているといわれています。そのタイミングを逃すのはもったいないのです。

ダイエットに成功したいのなら乳製品を控えるのはやめましょう。そして、乳製品に限らず、「何かを絶対に摂らない」と決断するときは慎重になりましょう。それによって弊害が起こる場合もあるということを肝に銘じておいてください。

アドバイス

運動によるダイエットに「カルシウム」は欠かせない

NG 18

コレステロールが高そうな揚げ物を避ける

ダイエットにいい油、悪い油の科学的根拠

「オリーブオイルをいただけますか？」

揚げ物は避けるのに、パンにオリーブオイルをつけるのは躊躇《ちゅうちょ》しない……近ごろそんな風景を多く目にします。

でも、知っていましたか？　どんな種類の油でもカロリーは同じ、スプーン1杯およそ110kcalです。なのに、なぜオリーブオイルなら大丈夫なのでしょうか？

オリーブオイルならキレイになれるというイメージがあるのでしょうか？　油類も必要な栄養が含まれる重要な食品群の一つですが、ほかの食品同様、摂りすぎれば（それがオリーブオイルであれ）当然オーバーカロリーになってしまいます。

テレビや雑誌などで、パスタにオリーブオイルをたっぷりかけたり、トマトやサラダだけでなく、最近では豆腐や納豆、ヨーグルト、キムチなどに入れても美味《おい》しい！　もっとヘルシー！　などといったコメントも頻繁に目にします。

たしかにそのような食品と組み合わせることで何かしらよい効果はあるのかもしれません。「ダイエット効果はないし、そもそも摂りすぎでしょ！」と、一人でつぶやいてしまいます。

油、オイルと一口にいってもいろいろな種類があります。牛脂、バター、ゴマ油、ひまわり油、魚油などたくさんあります。一見すると、ひまわり油やオリーブオイルなどの植物油が健康的で、動物性が不健康であるというイメージを抱いてしまうのは致し方ないかもしれません。

これらの油に含まれる脂肪酸は、大きく飽和脂肪酸と不飽和脂肪酸に分類されます。もしかすると、飽和脂肪酸が悪で不飽和脂肪酸が善とされるイメージがあるかもしれませんが、実はそうではなく、望ましい脂肪酸の摂取比率というものがあります。

飽和：一価不飽和：多価不飽和＝3：4：3

また、多価不飽和脂肪酸の内訳は、

n-6（オメガ6系）脂肪酸：n-3（オメガ3系）脂肪酸＝4：1

がよいとされています。それぞれの油（脂肪酸）にはそれぞれの役割があり、どれがよくてどれがダメという話ではないのです。どれかだけ摂りすぎる、どれかだけまったく摂らないという極端な発想に問題があります。

以前、リノール酸には血中コレステロールを下げる効果があるとされてブームになりました。しかしその後、**リノール酸だけを過剰摂取すると、LDL（悪玉コレステロール）が減るのは事実ですが、それと一緒にHDL（善玉コレステロール）も減らしてしまうということ**が分かってきました。そうなると動脈硬化を促進し、心筋梗塞や血栓などを生じる可能性が高まってしまいます。

また、多価不飽和脂肪酸の一定バランスを超える摂取をすると、体内で過酸化脂質を生成し、老化やガン化が促進するというデータが発表され、リノール酸ブームは静かに去っていきました。

さらに、人工的に作られたショートニングなどを気にする方も多いでしょう。では、そもそもショートニングとは何なのでしょうか？　農林水産省のホームページを要約すると、「精製した動物油脂、植物油脂などを主原料とし、これに10～20％程度の窒素ガスや炭酸ガスなどを吹き込みながら練り合わせて製造した無味無臭の食用油脂」ということです。

ラードの代用品として使われることが多く、クッキーやビスケットといった焼き菓子、パン、アイスクリーム、フライ用の揚げ油などに用いられています。ショートニングを焼き菓子に使用すると、サクサクとした軽い食感を出すことができるのでよく使われているようです。

このショートニングが敬遠される最大の要因として、トランス脂肪酸を多く含むことが挙げられます。トランス脂肪酸とは、トランス型二重結合という構造を持つ不飽和脂肪酸の総称です。トランス脂肪酸は、植物油など液体状の油脂からマーガリンやショートニングのような固体状の油脂を製造する加工工程で生成するほか、牛乳や牛肉など反すう動物由来の脂肪にも天然に含まれているものです。

トランス脂肪酸の過剰摂取は、ある種の心疾患のリスクを高める要因となることが示されており、世界保健機関（ＷＨＯ）ではトランス脂肪酸の摂取量は総エネルギー量の１％にとどめる必要があるという基準が定められています。アメリカ人の平均は2・6％（1996年〜1999年）にも達するため、法的規制が行われています。日本ではまだ法的規制がないので、早急な法整備を求める声が上がっているようですが、実は日本人の平均は0・31％（2003年〜2007年）という調査結果が出ており、その結果から日本では規制されていないというのが実情です。

農林水産省はこの件に関し、『日本におけるトランス脂肪酸の平均的な摂取量はWHOが設定した目標値を大きく下回っており、いろいろな食品をバランスよく食べればトランス脂肪酸による健康リスクは低いと推定されます。農林水産省では、現時点で得られている科学的な知見、データから、日本の場合には食品中のトランス脂肪酸についてすぐに規制を行う必要性は低く、食生活の中で脂肪の取りすぎを控えることがより重要と考えています。』という見解を発表しています。

したがって、現代の日本においては、あまり厳格に気にする必要はないと考えられます。「私はオリーブオイルでしか油を摂りません！」という方、ちょっと考えるきっかけにしていただけたら幸いです。

たまには揚げ物だってかまわないのです。好きなものを極端に制限したらストレスが溜《た》まりますし、制限をなくしたときに反動でリバウンドしてしまうかもしれません。

アドバイス

「油の種類」ではなく「摂取比率」が大事

NG 19

おやつに甘いものは食べない

やめられない・止まらないのは「意志の力」ではなかった

「酒は飲みませんが甘いものは大好きです」

自己紹介のときに私はよくこう言います。仕事柄、酒も甘いものも、ましてやジャンクフードなど食べない、超ヘルシーな食生活を送っていると思われがちですが、それは大きな誤解です。

たしかに酒はほとんど飲みません。でもそれは、早朝深夜を問わずクライアントのサポートしなければいけない仕事のため、ゆっくり酒を飲む余裕がなくなってきたことや、その結果、随分アルコールに弱くなってしまい、次の日への影響を心配して飲まなくなったというのが理由です。

そして食事中のアルコールがない分、おやつや食後のデザートが欠かせなくなってしまいました。甘いもの、美味しいものには常習性があり、それにはどうやら人間の脳が関係しているようです。

食行動心理学では、人間の食行動のパターンは以下の3つの型に分類されています。

①補給型
②習慣型
③報酬型

①の補給型というのは、エネルギーが枯渇する→お腹が空いた→食物を探す・購入する→咀嚼する→エネルギーが補給される→満腹感を得る、といった食行動パターンです。

このパターンは人間らしいというよりも生物、動物本来の行動パターンといえるでしょう。過去に「食事は3食サプリメントバーで十分。この1本のバーで必要な栄養と満腹感が得られるのだから！」という方がいましたが、完全に補給型ですね。

ここまで極端ではなくても、**お腹が空いたら食べるけど、空かなかったら美味しそうなものが目の前にあっても食べないで我慢できる、という方はこの補給型です。**

②の習慣型は、朝、昼、夜と決まった時間になるとお腹が空いたような感覚になるパターンです。パブロフの犬ではないですが、時計を見て12時になっていると急に空腹感を感じ、仮に朝食を食べすぎていたとしても、昼食を食べなければならないという反応が起きてしまう。エネルギー補給の観点からしたら、朝食を食べすぎたのなら夜までのエネルギ

ーは十分に補給できているはずなのに、お腹が空いた感覚になる。そして食べずにはいられなくなるのです。

この習慣型の特徴の一つとして、旅行や出張などでいつもの時間に食事が摂れないことが分かると非常に不安になる、ということが挙げられます。

以前、海外でのイベントの際に、昼食が摂れるか摂れないか微妙なスケジュールなのを極度に心配して、前日から携帯できるバナナやパンなどをかなり大量に備蓄し始めた方がいました。きっと習慣型なのでしょう。

不安になってしまう気持ちも分からなくはないですが、人間はたとえ昼食が1回摂れなかったとしても、エネルギーが枯渇して生命を維持することができなくなってしまうことは決してありません。人間の体内にはかなりのエネルギーが備蓄されているのです。

③の報酬型の人は、常に美味しいものを求め、美味しいものを探しています。そのパターンは、「美味しいもの」を自分への報酬としている→美味しいものを探す・買うという行動を起こす→口に運んで食べる→美味しい！　報酬が得られた喜びを感じる、といった流れです。

この行動は「報酬がほしいという欲求」がどんどん「強化」されていくことに問題があ

ります。この行動が強化されていくのは「報酬予測誤差」というものが関係しています。「食べてみたら思いのほか美味しかった！」「想像よりも美味しかった！」などと感じると、脳のドーパミン作動性ニューロンが興奮し、ドーパミンが大量に分泌されます。

つまり、「快感」と感じるのです。**予測していた美味しさと実際に感じた美味しさの誤差が大きければ大きいほど、ドーパミンの分泌量は多くなります。そして、さらに大きな快感がほしくなっていきます。それを繰り返し、どんどん報酬型が強化されていきます。**

ワインを頼んだら想像よりも美味しかった！　次回はその予測誤差よりも大きい誤差を期待してワインを頼む。しかしそのワインはそれほどでもなかった。するとドーパミンが出ないので快感を得られなかった。そうなると、期待する快感が得られるまでワインを探し続けることになるのです。そして予測よりも美味しいものに出会えて満足すると、それで終わりかと思えばそうではなく、半永久的にそのスパイラルは続いていくのです。

これは意志の力とは独立したものであり、**強化された行動をやめるには意志の力では不可能な場合が多い**と考えられています。少し意外かもしれませんが、たまたま行ったことを誰かに褒められて、それをきっかけに何かに夢中になったことがあるというケースもこれと同じしくみです。

ちなみに……覚醒剤《かくせいざい》などの麻薬はこのドーパミン作動性ニューロンの機能を強力に高めることが知られています。病みつきになる機能を薬物で直接的に駆動させているので抜け出せなくなってしまうのです。

実は、私は間違いなくこの報酬型です。特に甘いものに関してはその報酬誤差が大きければ大きいほど快感を得られ、次回はそこそこ美味しいものを食べても満足できず、もっと美味しいものを探してしまうので、いつも「美味しいものないかなぁ」とつぶやいているような状態です。

実はこのパターンがダイエットを失敗に導いている場合が多いのです。**本来の意志の力では我慢することがかなり困難なのに、強制されるからストレスがたまります。だから失敗するのです。**

私個人の解決策は……？　美味しいものは決まってカロリーが高いです。脂質や糖質を多く含んでいるから美味しいのです。それを我慢することは難しい、ならば、その分運動で消費してしまえば食べたけど食べなかったことにできると考えるようになりました。

つい先ほど私はスタバでパウンドケーキを食べました。400kcal程度です。新作だったので、どうしても美味しいかどうか試食してみたかったのです。

でも、実際に食べたら、予想以上に美味しいとは到底思えなかった……ちょっと不満足。口の中は甘いので、今度はしょっぱい物で美味しいと知っているもの「スタバのポテトチップスシーソルト」を食べました。もともと美味しいと知っているのでそこまでドーパミンは多く出ないけれど、先ほどの不満足な気分が少しは晴れました。ちなみに、こちらは300kcal程度です。だからこのあと私は1時間かけて10kmほど走ります。私の体重でちょうど700kcalは消費できる計算です（体重kg×距離km＝おおよその消費カロリー）。**これでなかったことにできます。**

報酬型の人は我慢しないことがダイエット成功の秘訣かもしれません。

アドバイス

我慢はストレス。「脳のタイプ」に合ったやり方を

NG 20 ダイエット中は粗食が当たり前

「脳が満足する食べ方」があった！

すべての人の食行動が先程の3つにキレイに分類されるわけではありません。もちろん完全にどれかの型にはまる人もいますが、多くの場合は混合しているのではないでしょうか？

たとえば、完全に報酬型である私は「我慢できないので、食べてしまってから運動によって消費させる」という考え方でした。しかし、そこまで報酬型が強化されているわけでなければ、場合によってはある程度コントロールすることが可能です。そんな方にいつも私がお勧めしているのが、**報酬回数をコントロールする**という方法です。

カロリーコントロールは、皆さんご存じのように自分が摂取しようと思う食事のカロリーを考え、1食、または1日の中でオーバーカロリーにならないように、足し算・引き算をしながら食事をすることです。に対して、報酬コントロールというのは、期間を自分で定めて、その中で報酬の回数をコントロールすることです。

報酬型は1日の中で何回も報酬を求めてしまう傾向があります。それがすべて満足いくものであればいいのですが、すべての食事で必ず「思いのほか美味しかった」というものに出会えるわけでは当然ありません。そうなったときに、その**食事のあと、すぐにコンビニへ行ってデザートなどほかの報酬を探す、つまり、報酬が得られなかったと思うと、すぐに次の報酬を探すという習慣を控えるというところから始めてみてください。**

そのためには、まず報酬の回数を決めます。無理のないところで、最初は「1日に1報酬」くらいからスタートします。

たとえば、出張先のホテルで食べた朝食が思いのほか美味しくて大満足（ドーパミンが大量に分泌された）なので、もし昼、夕ご飯で美味しいものに出会えなくても、朝食で報酬が1つ得られたので、昼・夕食後に報酬を探して歩くことをやめる、といった具合です。この頻度を徐々に減らしていきます。2日に1報酬→1週間に1報酬といった具合です。

ちなみに、今まで最も成功した例は**「毎食1報酬」→「1カ月1報酬」**です。

徐々に頻度を減らしていき、最終的にはご夫婦で1カ月に1回だけ豪華な食事をするということを報酬として、それ以外の日は、その1回を楽しみにしながらバランスやカロリーを考慮した食事を続けることができています。

その分、その「1カ月1報酬」はカロリーもバランスも考えなくてもいい。2人が食べたいと思ったものを食べたいだけ食べるそうです。

もちろん「思いのほか美味しい！」と思えないとドーパミンが出ないので、もの凄く入念なリサーチをするそうです（笑）。しかし、1カ月に1回なのでリサーチ時間はたっぷりありますし、そのリサーチしている段階が楽しいともおっしゃっていました。

あるときは「来月は韓国料理！」と決めてリサーチした結果、やはり本場が一番美味しいということになり、なんと韓国まで日帰りで行って、昼食だけ食べてとんぼ返り、ということもありました！　まあ、それができたのは、実は奥様が航空会社にお勤めで、飛行機代がかからないからという裏事情があるのですが……。

毎日毎食、美味しいもの（報酬）を得ようとはせずに、1週間に1回でも、また1カ月に1回でも報酬が得られたらそれで満足！　と思えるように、徐々にコントロールしていきましょう。それに成功した人は、かなりの確率でダイエットにも成功しています。

アドバイス

美味しいものを食べるのは「1日1回」から始める

NG 21 ついつい早食い・ながら食い・夜更かししがち

なぜ、忙しい人ほど太りやすいのか

「忙しいときほど体重が増えるんですが……」

そうです。実は忙しいときのほうが太るという根拠がいくつかあります。

「忙しいということは、頭も体も使っているから、エネルギー消費が高くなってやせるはずでは!?」といった声が聞こえてきそうですが……理由はいくつか考えられます。

・ながら食いは太ります

報酬型の人は、1回1回の食事を美味しいか美味しくないか精査しながら食べるので、「ながら食い」は比較的少ない傾向にあります。先ほど私も典型的な報酬型だと告白しましたが、かなり強化された報酬型なので、新しいレストランなどに行くと、「これはどうかな?」「これはあのレストランのあの味よりも上かな?」などとかなり意識して食事を口に運びます。つまり、食事に集中しているのです。だから食べながら何かをする「ながら食い」はあまりすることがありません。

しかし、習慣型の方は、食事の時間になっても仕事が一段落せずに、仕事をしながら「ながら食い」をしてしまうこともあるかもしれません。

「ながら食い」の怖いところは、何かしながら食べることが習慣化されると、食べたことへの満足感が感じられないだけでなく、意識がほかのところに行っているため、自分が何時に何を食事として摂ったのかさえ記憶にないことがある、というところにあります。そして満腹になっているのかいないのかと感じる余裕もなく、意識もなく、その意識は仕事に向いています。

通常は「美味しかった」とか「満腹になった」と感じることで、神経伝達物質であるセロトニンが分泌され、「幸福感」「安心感」という感情を生み出します。また、食欲を十分に満たしてあげることによって脳の満腹中枢が正常に働き、その結果、規則正しい食生活にもつながります。

「今食べたものは美味しかったのか？」「もうお腹いっぱいになったのか？」。仕事に追われて「ながら食い」をするとそれすら感じることができなくなります。

そうなると満足感、つまり幸福感が得られないので、つい食事の回数も増えてしまいますし、イライラもしてしまいます。そんな日が続くと、やはり体重は増えます。

・早食いをすると太ります

これはよく聞くことですが、ちゃんと理由を聞いたことのある方は少ないのではないでしょうか。

人間が食べたものはまず咀嚼され、その後、胃、腸、肝臓などを巡り、その過程で様々な栄養素に分解されて体内に吸収されます。その吸収された栄養素を今度は体中の細胞や組織に運ばなくてはなりません。その役割を果たしているのが血液です。血液を介して必要な場所に必要な量の栄養素が送られます。

「食後に血糖値が上がる」ということをよく耳にするかと思いますが、それは食後に分解され、吸収された糖質（正確には糖質の最小単位であるブドウ糖）が血中に増えている状態のことをいいます。

血糖値が上がると膵臓《すいぞう》からインスリンが分泌されます。インスリンは糖質の代謝をコントロールするホルモンで、イメージでいうと火事を消してくれる消防士のようなもので、血糖値が上がっていることを察知すると、すぐに働き始めます。

インスリンは速やかに骨格筋や脂肪細胞に糖質を運ぶことで血糖値を下げる役割を果たしています。骨格筋に運ばれた糖質はそれらを動かすエネルギー源となり、脂肪細胞に運ばれた糖質は、脂肪がエネルギーとして蓄えられるように合成する手助けをします。そうやってインスリンが各所にスムーズに糖質を分配してくれるお陰で血糖値は下がっていき、一定の範囲内で保たれているのです。

ちなみに糖尿病の方は、このインスリンの分泌がうまくいかないために、各所に糖質をスムーズに分配できず、血液の中に糖質が余ってしまいます。そうなると過剰な糖質は血管を傷つけるため、動脈硬化になるリスクが高くなります。

さて本題に戻ります。早食いがなぜ太りやすいのかというと、それは早食いをすると満腹感を感じる間《ま》もなく食べてしまうからです。

通常は食事を始めてから20〜30分後ぐらいに血糖値の上昇を脳の視床下部にある満腹中枢が感知し、「満腹である」という信号が送られることで、食事の量がコントロールされます。しかし早食いは、その指令が出る前にたくさん食べすぎてしまうことになります。

そしてさらに、急激な血糖値の上昇を抑えるために、膵臓は急いで大量のインスリンを分泌しなければならなくなります。つまり、かなりの負担が膵臓にかかってくるということとです。そんな毎日を送っていると、**いつしか膵臓はインスリンを正常に分泌できなくなっていきます。**

また、早食いをして満腹を感じる前に食べすぎてしまうことで急激に増えた血中の糖質は、骨格筋で使われる分以外は脂肪細胞に分配され蓄積されていってしまいます。筋肉をいつも活動的に動かしていればまだいいですが、そうでない場合はどんどん脂肪が増えていくことになります。とはいえ、実はまだそれはましな段階です。

インスリンが正常に分泌されている段階であれば、糖質がいくら過剰であっても脂肪細胞に蓄積されて肥満になっていくだけですむのですが、インスリンの分泌が悪くなってくると糖質が血中に余り、先述したように動脈硬化などより重篤な病気を引き起こしかねません。このように、早食いには想像以上に大きなリスクが潜んでいるのです。

・睡眠不足だと太ります

そしてもう一つ、忙しいと睡眠時間がなかなかとれないですよね。その睡眠不足も太らせる要因の一つです。

人間の体は夜寝ているときに副腎皮質からコルチゾールというホルモンが分泌されてい

ます。このコルチゾールには、寝ている間に食事からエネルギーが補給されない分、脂肪や糖質からエネルギーを生成させる働きがあります。**睡眠不足になるとこのコルチゾールの分泌は低下し、脂肪が燃焼される機会が減ってしまいます。**

「こんなに忙しくて実際に体も疲れているのに！」「エネルギーだって使っているはずなのに！」と思っている方、本当に体や筋肉を使っていますか？　実際の活動量はもの凄く少ないということはありませんか？

パソコンの前に座っているのではカロリーはほとんど消費しません。**その疲れは肉体的な疲れではなく、脳の疲労です。体は実際に疲れておらず、動かして血液の循環をよくしたいと思っているはずです。**

仕事に余裕を持たせることも成功の鍵になるかもしれません。または1年を通して比較的仕事が落ち着いている時期に、ダイエット期間を合わせていくといいかもしれません。

アドバイス　脂肪燃焼のために「食べる・寝る時間」を意識する

NG 22 カロリーコントロールは、夕食を減らせばOK!

空腹感はかえって脂肪を蓄えてしまう!?

「やはり、夕食の量を減らしたほうがいいですか?」

たしかにその通りですが、夕食を減らしたらその分、お腹が空かないですか? 夕食を減らした分をどこかで補ってしまいませんか? ただ単に夕食の量を減らすことだけを考えると失敗します。

では、食事の摂り方において、どんな点に気をつければいいのでしょうか。

1日3食という方でも、朝昼夜きっちり均等に食べているということはないはずです。**朝→昼→夜の順に摂取カロリーが増えるピラミッド型**の方が多いのではないでしょうか。しかし残念ながら、そのパターンは食べて、あとは寝るだけの夕食にカロリーを多く摂取するために太りやすいといわれています。

逆に理想的といわれているのは、**朝→昼→夜の順に摂取カロリーが減る逆ピラミッド型**です。

朝や昼にカロリーを摂ったとしても、その後、寝るまでの間にエネルギーとして使われるので脂肪として蓄積されにくいということは、様々な研究で証明されています。

ですが多くの方からいただく意見が、

「朝からそんなに食べられない」

「朝食を作る習慣がないのに、朝からそんなに手間をかけていられない」

「朝早く起きなくてはならないほうが続かない」

たしかに今まで夕食重視だった多くの皆さんにとって、いきなりの変換は相当なストレスです。加えて、「昼間もあまり多く食べられない上に夕食も少量なので、夜はお腹が空いて仕方がない」「結局、夜食を食べてしまう」といった声も聞かれます。

そこでお勧めするのが**昼食のボリュームを最も多くするダイヤモンド型**です。

昼に多少カロリーを多く摂っても、その後の生活時間が長いので十分に消費してくれます。それに昼間に腹持ちのいいものを食べれば夕食時にあまり空腹にならず、夕食のボリュームダウンが自然に図れ、夜に空腹で悩むということも改善されるでしょう。

腹持ちのよい、満腹感になりやすいものとしては、食物繊維の多い根菜類やイモ類、海藻類、きのこ類がオススメです。硬めの根菜類は、噛む時間が長くなり唾液の分泌量が増えることで満腹中枢が刺激されやすくなりますし、イモ類はカロリーの割にはかなりの満腹感が得られます。

自炊の際は切り方も工夫してみてください。たとえば人参ならば千切りにするよりも乱切りやぶつ切り、トマトもスライスよりも丸ごと1個、または半分に切るほうが噛む回数が増えて満腹感を感じやすくなります。

海藻類ときのこ類も、食物繊維が多く、かさがあるため満腹感を得られやすく、カロリーは低いので量を気にすることなく摂ることができる優良食材です。しかし、サラダにした場合のドレッシングや、炒めるときの油量には十分にご注意ください。

自分のライフスタイルに合わない、無理な朝食重視型にすると失敗するかもしれません。この「ダイヤモンド型」ならチャレンジしやすいのではないでしょうか。

アドバイス

昼食重視にすると、夕方に空腹になりにくい

NG 23

大好きなお酒をやめる
飲んでも太らない方法がある

「酒好きには酒をやめられない理由があるんだよ、中野さん！」と言われたことがあります。

酒をあまり飲まない私に酒をセーブしろとは言われたくないと思うので、あまり厳しいことは言いません。たしかにそうですよね。健康を害さない程度の適量であればいいでしょう。

ちなみに厚生労働省が定めている適量は「ビール中瓶1本・日本酒1合・ワイングラス2杯・焼酎、ウイスキーシングル2杯」とされています。一つの基準として覚えておいてください。

飲んではいけないとは言いませんので、その分、**おつまみを頼むタイミングだけ考えてほしいのです。**

アルコールはたしかにカロリーがあります。度数が高ければ高いほどカロリーが高くなります。しかし、アルコール自体のカロリーよりも、一緒におつまみに何を食べるのか？のほうが問題です。

ビールなど炭酸が含まれているアルコール飲料だと、揚げ物や辛いものなど比較的高カロリーなものが食べたくなるといいます。また日本はアルコール度数が高いので、その分カロリーも高いですが、おつまみはさっぱりした低カロリーの冷や奴《やっこ》などが合いますよね。

居酒屋などで飲む場合は、**「とりあえずビール！」と注文する前に、まずはおつまみを先に全部注文してしまうのも一つの方法です。**

そして一度頼んだら、それ以上は頼まないと決めること。これは酔っていくうちに次第に理性が麻痺《まひ》していき、自分が満腹なのかどうか冷静な判断ができなくなるからです。飲みながらおつまみを注文すると頼みすぎてしまう可能性が大きいのです。

満腹なら頼まないはずなのに、酔いによってその感覚が分からなくなってしまう、散々飲んで食べても、その後にラーメンが食べられてしまうのはそのせいです。

アドバイス

「飲まない・食べない」ではなく、「食べるタイミング」に注目する

第3章

「メンタル」

――〝三日坊主〟は悪くない！ダイエット成功者が「やらない」6つのこと

NG 24 ダイエット中だと知られたくないから一人で運動する

「つながり」と「継続率」の相関関係とは

「誰かと一緒に走らないと成功できないの？　一人でランニングしている人でも成功していると思いますが……」

と突っ込まれそうですが、そういう意味ではないんです。

たとえば、ランニングという一人でやる運動の代表選手みたいなものを例にとってみても、続けられている人は必ず誰かしらと何らかのつながりがあります。それは分かりやすく言うと家族のサポートであったり、タイムを競い合う友人、はたまたよくすれ違う近所のランナーであるかもしれません。

アメリカスポーツ医学会の調査によると、**一人で運動をしている人の運動の継続率が20%なのに対し、誰かと一緒に運動している人や家族などのサポートを受けている人の運動の継続率は80%にまで上る**そうです。

たしかにスポーツクラブでも、常に一人でトレーニングしている人の退会率は高い傾向にあるといわれています。なので退会率を減らすために、グループプログラムの集客率を上げたり、サークル活動の参加や、パーソナルトレーニングを勧めたり、またはスタッフが精力的に声がけをして名前を覚えるなど、完全に一人で入会して一人で淡々とトレーニングして帰る人を減らすべく、様々な取り組みがなされています。

とはいえ、やはり面倒くさい人間関係をできるだけ誰とも築きたくないという方もいます。実際、私の周りにもそういう方はいます。しかし、そう言っている方でも成功している人は、本人の自覚がないだけで、実際には必ずといっていいほど誰かと運動によってつながっています。

たとえば……。ランニングのアプリを使うと、自分が走った距離やペースなどSNSを介して誰かと共有することができます。または走っていてよい景色などあるとフェイスブックにアップして「いいね！」を押されたり、「頑張っているね」とコメントをもらったり、「何か運動してる？」「ジムに通っているよ！」「すごいね！ だからスタイルいいんだ！」と褒められたり、これらも立派に誰かとつながっているといえます。

つまり、**自分が運動していることを誰かに話すだけで、それは既に「運動」で誰かとつながっているということなのです。**

「運動していることは絶対に秘密！」と言う人がいますが、そのことを私に話してくれた時点で、運動を介して私とつながってしまっているのです。

頑張っていたら褒めることもできるし、長期にわたって続けられていたら尊敬もします。「決して一人で運動しているわけではないですよ！」と、積極的に伝えるようにしています。

実際はこのように一人でやっているわけではないのに、**「一人でやっている」という認知になっている方は、私の経験上はドロップアウトしてしまう方が多かった**です。

私の記憶に強く残っている、ある主婦のクライアントがいます。

その方のご主人は単身赴任で地方へ、お子さんはみんな独立されていたため、彼女も旦那さんについて地方に引っ越そうかと考えたものの、仕事にやりがいを感じていたし、そこでの人間関係も大切にしたかったので東京に残ることに。でも、家に帰るといつも一人で寂しい思いをしていた。そんなとき、ふとしたことで私と出会ってからパーソナルトレーニングを始め、その一環でランニングを始めてみたところ、完全にはまってしまった、という方です。

最初は５km の大会でも緊張していたのに、今ではフルマラソンを3時間台で走るランナーにまで成長しました。

そこまでランニングを続けることができた要因はどこにあるのかをお伺いしたことがあります。

すると彼女は言いました。

「『フルマラソンやっているの』と言うと、どんな人も『すごいわね』と言ってくれる。そうでしょうね、こんなおばさんが年に何回もフルマラソンに出場しているんだから……。でもね中野さん、**この年になって人から『すごい』と褒められることなんてないのよ。**特に一人で生活していると、その言葉が染《し》みるのよ！」

ランニングはきちんと練習さえすれば、何歳になっても距離やスピードは伸びていきます。もちろん永遠に伸びていくわけではないが、ある程度までは体は進化していきます。

年をとっているはずなのに体が成長しているのを実感できる、先月まではこの距離が苦しかったのに、今はもっと楽に、そして速く走れるようになっている！ そういった身体的な成長を実感できるというのが、大人たちをランニングのとりこにさせる要因の一つだと考えられます。

しかし、それ以上に彼女は、一人の生活の中で誰かに褒められる、尊敬される、自分のしていることが認めてもらえる、そんなところが嬉しくてたまらないということでした。

この話を伺ったときに私はとても感動したことを今でも覚えています。でも、冷静に考えてみるときっと私も同じです。

この年になると何をやっても完璧にできて当たり前、成果が出せて当たり前、期日までに仕上げて当たり前というふうに扱われるようになります。もちろんそれは喜ばしいことなのですが、そうなると、誰かに褒めてもらう、認めてもらうといったことがどんどん少なくなっているように感じます。でも、私だって時にはきちんと言葉にして褒めてもらいたい、認めてもらいたいことだってあるのです（笑）。

きっとその主婦の方もそうなのでしょう。家事はすべて完璧にこなせることが当たり前、美味しいご飯が作れるのが当たり前になってくる。今さら「美味しいね」なんて言ったら変じゃない？　という家族の気持ちもあるのでしょう。

長年褒めてもらう、認めてもらうことから遠ざかっていた方にとって、みんながなかなか足を踏み入れられないフルマラソンという高いハードルにチャレンジしていることは、周りの人から認めてもらえる、ちょっとでも尊敬してもらえる、そんないい機会なのかもしれません。おまけに、美しく、健康にだってなれるのです。

一人でランニングを頑張っている皆さん！　今、自分が走っていることを多くの人に話してください！ 自慢をしてください！ 自分が走っていること、運動を始めたことを口に出して誰かに言わなければ、誰も褒めてくれませんし、認めてももらえません。

「大金持ちになった！」「宝くじが当たった!!」とは違うのですから「何!? 自慢しちゃって！」と思われる割合は少ないはずです。思いきって話してみてください。

もしかしたら、「実は私も走ってるんですよ！ どこで走ってるの？ 次はどの大会にでるの？」なんて会話にもつながるかもしれません。きっとあなたの運動の継続や成功につながるでしょう。

少し飛躍しますが、最近は「ランニング婚活」というのも流行《はや》っているようですね。同じランニング趣味の方同士、夫婦生活もきっとうまくいくのでしょう。友達や同僚、パートナーと一緒に走れば、継続率はぐっと上がります。

アドバイス

SNSなどでつながれば、楽しく続けられる！

NG 25

1カ月で5kg以上の減量を目標にする

目標の立て方で「やる気」は違ってくる

「1カ月で10kgやせてみせる！」

最近よく目にする「短期間で劇的にやせる！」といったCMを見て、このような強い意志を持たれる方も多いでしょう。

その根底には、期間を短くして、その期間だけ苦行に耐えれば……という気持ちがあると思います。もちろん、その苦行に耐えてきっちり成果を出し、成果が出たことで苦行から一転して楽しいと思えるようになり、その後もしっかり維持できているという成功パターンも少なくないでしょう。

しかし、ここで私が皆さんに伝えたいのは、**明らかに高すぎる目標設定は、やる気の喪失につながり、ドロップアウトする可能性が高くなる**ということです。

実は高すぎる目標設定をする人には一定の傾向が見られることが心理学上判明しています。

それは**「~せねばならない」という信念が根底にある人**です。行動的特徴としては「時間的切迫感」「競争心」「野心的」「完全主義」「攻撃性」……もっと分かりやすいところでは**「早口」「大声」「断定的」**といった傾向が見られます。

このような性格の人は、心理学上、**「タイプA行動人間」**と呼ばれています。今でこそ心理学用語として定着していますが、もともとは、心臓病学者メイヤー・フリードマン博士らが、自分の診療室の待合室に来ている患者さんたちがみな同じような行動をしている、そして似たような性格をしている患者が多いことに気づき、心疾患と性格との関係性があるのでは……と考えたことがきっかけでした。その後、それらの性格と行動様式をまとめ、心臓病の危険因子の一つとして類型化されたものです。

「タイプA行動人間」には6つの行動パターンがあります。

1 目標を達成しようという強い欲求を持つ
2 競争心が異常に強く、敵意を示しやすい
3 常に周囲から高い評価や昇進を望む
4 多くの仕事に没頭し、いつも時間に追いまくられている

5　精神的・肉体的活動の速度を常に速めようとする
6　精神的・肉体的に著しく過敏である

これらの行動パターンを見れば、「タイプA行動人間」の人が、それ以外の人よりも高いハードルを定めるであろうことが理解できるでしょう。

日本では高度経済成長期に働いていた世代（団塊の世代）の人たちに比較的多いといわれる性格です。この性格を否定しているわけではなく、このような方たちのこのマインドのおかげで日本の成長があったと思いますし、かく言う私自身もタイプAの要素があると感じています。

仕事でもプライベートでも、一見したら無理そうな目標を設定してチャレンジしてみる。そしてそれが達成できてしまう。そんな数回の成功体験からどんどん目標レベルを高くし過ぎてしまう傾向が生まれてきます。

高い目標にチャレンジしていくことはとても重要なのですが、その分、失敗の確率も高くなってしまいます。人間は成功体験を積んでいると「自分にもできる」という見込み感が高まってきます。これを心理学で「セルフエフィカシー（自己効力感）」といいます。

しかし、このセルフエフィカシーは失敗体験を繰り返すことで低下していきます。特にダイエットは数週間で成果が出るものはないですし、1カ月で何十kgも体重（体脂肪）を落とすことはとても辛く難しいことです。

目標設定が高過ぎれば失敗体験を繰り返してしまう確率が高くなる、かといって低すぎても成功体験にはならない。つまり適切な目標設定がドロップアウトを防ぐ意味でも非常に大切というわけです。

でも、それを客観的かつ冷静に判断するのはとても難しい。本来は私たちのような専門に聞くのが一番よいと思いますが、なかなかそうもいきません。

個々の運動能力や運動歴、体格、性別によっても大きく変わるので、あくまでも目安ですが、一つの方法をここで紹介しておきます。

体重：月間で5％以上のダウンを目指すのは目標設定が高すぎます。食事制限や運動量がかなりハードになるだけでなく、筋肉量を減らしてしまう可能性があるからです。

ランニングの走行距離：月間200キロを超える距離は目標設定が高すぎます。ケガのリスクが非常に高くなります。逆に月間で40km以下では少なすぎます。最初は月間80kmを目安に始めて100km程度を目標としましょう。

1日の運動量：一般的に**「1日30分の運動を最低週5日」**が健康を維持増強させるために必要な時間といわれています。有酸素運動や筋トレなどを行っている時間を当てはめて考えてみてください。

食事のカロリー：私はあまりカロリー重視を推奨していません（疾患などがあり、医師からの指示を受けているような場合を除き）。なぜなら、**1日1800kcalを下回るような食事制限は筋量を落としてしまうだけでなく、継続が難しくなる**と考えられるからです。それでもどうしてもという方は、1800〜2200kcal／1日を目安に考えてみてください。

高すぎる目標設定は成功したときの喜びや達成感を感じるでしょう。しかし、その分、ドロップアウトの可能性も高くなることをお忘れなく。

アドバイス

「これは成功体験になるか」という視点で目標を決める

NG 26
挫折しがちなので友達や家族とダイエット競争
「成果」がでるのが早い人と遅い人の違い

「絶対にあいつにだけは負けたくない！」

先ほどのタイプA行動人間によくある口癖です。負けず嫌いが人を強くすると思いますし、そうやって実力をつけてきた方、成長してきた方も多いでしょう。

とても重要だと思いますが、ただダイエットに関しては適度にその気持ちをコントロールしないと、ドロップアウトのきっかけを作ることになってしまいます。

長年多くのクライアントを指導してきて感じるのは、成果の出方は本当に千差万別だということです。同じ年代、性別、似たような体格の方で同じメニューを行っても、早く筋肉がつく人もいれば非常に遅い人もいます。また、メニューを少し変えてあげたら一気に成果が出始めたというケースも、現場にいるとよくあることです。

その違いは何によるものでしょうか。もちろん生物学的な細胞、遺伝子、DNA、ホルモンなどの個人差も大きく関係していますが、それらと同等、もしくはそれら以上に私はライフスタイル、性格、運動歴などによるものが大きいと思っています。

たとえば、若いときに何かしらの運動をしていた方、または筋力トレーニングで筋肉がついていた時期があった方などは、**「マッスルメモリー」といって体が筋肉を作ることを記憶しています。**

筋肉が増えるということは、筋力トレーニングによって傷ついた筋線維が1本1本、修復されて太くなることですが、**継続的に筋トレを続けていって、ある一定レベルを超えて太くなろうとするときには、筋線維の中の「核」が増えるということが分かっています。**

つまり、学生時代に部活などで筋トレをしていた人は、そのときに核が増えた状態になっているわけです。実はこの核は、トレーニングをやめて筋線維が細くなってもすぐには数が減っていかずに、しばらくは筋線維の中に残っているといわれています。

これが「マッスルメモリー」という言葉で表現されています。分かりやすくいうと、筋肉を作る下ごしらえがすんだ状態になっているといったところでしょうか。

では何年間くらいその核は残っているのでしょうか？　これについてはまだ動物実験でしか証明されていないようですが、おそらく人間の場合でも10年程度は残っているであろうといわれています。

ということは、**20～30代にトレーニングを頑張っていた方は、10年間ほとんどトレーニングをしていなかったとしても、40代になって元の筋肉量に戻すことは容易にできる**という期待が持てるということです。もちろん、学生時代にしっかり部活をしていて、その後、ブランクがある方も同様です。

動物実験の結果によれば約10％以上太くなると核は増え、そして10年先まで核は残ってくれて、その太くなった筋肉の状態は記憶されるということです。

私がこのマッスルメモリーの話をここでしたのは、「じゃあ、俺は昔、筋トレをやっていなかったから筋肉を作るのは不利なのか!?　やる気なくなった！」と思わせたいためでは決してありません。

今、皆さんは、「ダイエットしよう」と決意してこの本を手に取ってくださったのだと思います。この10％以上筋線維を太くして核を増やすことは1～2カ月程度のトレーニングでは難しく、最低でも半年から1年以上はかかります。しかし、その内容はそれほどハードなものではありません。定期的にトレーニングすれば誰でも叶うレベルの話なのです。

人生80年として、まだまだこれからの人生は長いです。皆さんが寿命を迎えるころには80年が100年になっている可能性だって十分に考えられます。その人生の中でいろいろなことがあるでしょう。もしかしたら大病をして、一定期間、体を動かすことができなくなってしまうときが来るかもしれません。

もしそうなっても、**今のうちに核を増やしておけば、治ってからトレーニングを再開したら、比較的早く筋力を戻すことができるのです。**もし今、それをしていなかったら、そうなったときにこのことを後悔するでしょう。皆さんはすでにこの本のこのページで「マッスルメモリー」ということを知ってしまったのですから。

以前、スポーツとはまったく無縁そうな70代女性中心の十数名のグループを一定期間指導させていただく機会がありました。最初のセッションでプッシュアップ（腕立て伏せ）を全員で行った際、皆さん正しいフォームで2～3回しかできない状況の中、誰よりもキレイで、ほぼ完璧なフォームの、かなり年配の方がいらっしゃいました。

私は一目で「以前、筋トレをされていたに違いない」と分かりました。セッション後にお伺いしてみると、やはりお孫さんの世話が忙しくなる前まではスポーツクラブに通われていた、また、学生時代にバレーボールをされていた経験があり、プッシュアップをやられた経験があるとのこと。

最初は2～3回しかできなかったのですが、やはり、みるみるできる回数が増えていきました。核がしっかり残っていたのですね。同じ時期に始めたその他の方よりも明らかに早く成果をあげていきました。きっと彼女よりも若い皆さんは悔しい思いをされていたに違いありません。

皆さんも今トレーニングをしておけば、そのおばあちゃんの年齢になったときに、今度はあなたが周りからそう思われるようになるのです。だから、今なのですよ！ 身近なライバルとの目先の勝負ではなく、数十年後を見据えたトレーニングを今やっておくことの重要性も頭の片隅に置いておいてください。

もしライバルを置くとすれば、それは身近な誰かではなく、自分自身にするといいでしょう。先週の自分、先月の自分、昨年の自分よりも頑張れたのか？ 超えられたのか？

私はランニングを定期的にしていますが、先月よりも１kmでも長く、平均速度が１秒でも速く、前回の大会よりも１秒でも速くを目標にしています。自分に勝って何が楽しいの？と思われますよね？

でもやってみてください。かなりいいライバルになって自分を高めてくれます。

アドバイス
比較するなら「誰か」ではなく「昨日の自分」「先月の自分」

NG 27

今度こそ！ と三日坊主にならないように決意する

三日坊主も10回繰り返せば、30日間続いた運動と効果は同じ

「どうせまた三日坊主で終わるよ」

いいじゃないですか！ もしあなたが今まで運動やダイエットにチャレンジしたことがなかったのであれば、3日間も新しいことにチャレンジできたのはすごいことです。

もちろん、3日間で成果が出るわけではないです。体脂肪が数値で分かるぐらい減ることはあり得ないですし、筋肉量が増え、スタイルが明らかによくなることもないでしょう。

でも、それでもいいのです。どんなに成功している人だって、必ず何度かはサボったり、挫折したり、そしてまた始めたりといった経験を繰り返していくことによって成功しているのです。**成功している人に共通しているのは、多くの場合、その経験を失敗体験として受け止めていないということです。**

どういうことなのでしょうか？

心理学に**「逆戻りの原理」**という法則があります。それは、

「やってみる→サボる→またやってみる→またサボる→もう一度やってみる……」

このように自分がやろうと思った行動を時々サボりながら結局は続けている、という人間の行動パターンを指します。このサイクルに入る上で**大切なのは、サボってもまたやるという姿勢です。**

分かりやすくいえば、三日坊主ということは、4日目はサボったわけです。それを「自分は根性がない」とか、「自分は何をやっても続かないやつだ」などと自分を責めてしまい、4日目にサボったことを否定的にとらえてしまうと、その日から行動が止まってしまいそのサイクルは途切れてしまいます。

そうではなく、**「たまにサボることなんて当たり前！」**と受け止め、また5日目からでも6日目からでも再開すればいいのです。

三日坊主を10回繰り返してみよう！ そんな気持ちで取り組んでください。

30日間運動するのと三日坊主を10回繰り返すのでは、運動効果はほとんど変わりません。

私だってサボることがあります。先週は結構忙しい中でも頑張って走りました。しかし、今週になって結構サボっています。特に昨日は時間があったのですが、雨が降っていたのでサボりました。夕方になって雨がやみましたが行きませんでした。室内のトレッドミルで走ろうかとも思いましたが、面倒臭くて行きませんでした。でも、明日は走ります。

そのサボっている期間は数日単位でなくてもかまいません。月単位でも年単位でもいいのです。でも、もしそれをいくら繰り返してみようとチャレンジしても、どうしても途切れてしまう場合は、そのやろうとしている運動種目、量、頻度、行おうとしている食事方法が自分に合っていない可能性が高いです。成功方法は一つだけではありません。その方法に執着せずに、ほかの方法を探して試してみることも必要です。

どうしてもサボってしまいがちだけど、なんかこの方法は自分にあっている！　と直感で感じるものがきっとあるはずです。

先日、前に紹介した「穀類3点式」を実践した友人が、「このご飯の量でも結構いけそうな気がする」と言いました。

アドバイス

サボってもいい、またやることが大事

今までいろいろな方法を試してきましたが、ようやく自分に合ったものが見つかったのでしょう。しかしこれから先、時にはサボり、日によっては4点、5点と摂りすぎてしまうことも必ずあるはずです。それを繰り返しながら、きっと今度こそ成功できると、彼自身が確信しているようです。

NG 28 フルマラソンや運動会など、イベントに参加する

1回のフルマラソンで燃える体脂肪は、たったの500g

「今週はゴルフに行くからいいかぁ」

ゴルフの運動強度が高いか低いかは置いておいて、イベント化された運動ではダイエットを成功させることは難しいです。

たった1回の運動で消費できるカロリーは非常に少ないのです。1回の運動量が30分でもいいので、継続させていって積み重ねていくことが重要です。

たとえばフルマラソンの場合、あくまでも概算ですが、体重70kgの人が完走できたとしても消費されるカロリーは3000kcal程度です。多く見積もっても500g程度の体脂肪しか燃焼されない計算です。何かを1回したからOKではなく、そのイベント化した運動のために、練習なりトレーニングをすることに重きを置かなければなりません。

昨今のランニングブームで、多くの方がフルマラソンにチャレンジするようになりました。しかしとても残念なことに、エントリーしたものの、まったく練習せずにチャレンジ

する方が多いと感じます。特にホノルルマラソンに関して、その傾向が顕著です。

また、当選するのが東大に入るよりも難しいとまでたとえられる東京マラソンにおいても、「多分当たらないだろうけど、取りあえず賭けで申し込みしてみたら当たってしまった。まったく練習する時間がなく、ぶっつけ本番！」という話をよく聞きます（そんなことない。俺はしっかり練習しているよ！　という方、すみません）。

本来なら、フルマラソンにチャレンジするために数カ月かけて練習を積んでいく過程で体がシェイプされ、フルマラソンに耐えられる体が仕上がっていきます。しかし、それをまったくせずにチャレンジしたら、そのフルマラソンはただの地獄です。

42・195㎞は皆さんが想像するよりもはるかに長く、厳しい道のりです。歩くことを前提に考えても、6時間以上はゆうにかかります。練習をまったくしてこなかった人にとって、それだけの時間（全く走らずに）歩き続けるだけでも脚や腰には激痛が訪れます。ゴールの瞬間、「二度とマラソンなんかするものか」と心に誓うでしょう。そうなった場合、ランニングがダイエットのための運動種目という選択肢から削除されてしまいます。

ランニングにはまってダイエットに成功している人は、「ランニングは嫌だけど、ちょっと短い距離から試してみよう」「これくらいなら意外ときつくないかも⁉」というとこ

ろから始まり、「今日は昨日よりも楽に走れる！」「先月よりもだいぶ速く走れるようになった！」……。この繰り返しによって走ることの快感を得て、その結果フルマラソンにチャレンジしてみようと思うようになった。そんなパターンが多いように感じています。

運動のきっかけに、とりあえずフルマラソンにエントリーをしてしまう、というのはとてもよいと思います。そのきっかけを活《い》かすようにチャレンジしてみてください。

もし、きっかけを活かせずに練習がまったくできなかった場合、たとえ東京マラソンのプレミアチケットでも出場しないほうがいいかもしれません（落選した人たちには申し訳ないですが）。

フルマラソンに限ったことではなく、お父さんたちの運動会にも同じことがいえます。長年運動から遠ざかっていた方が、ご自身の学生時代の感覚で走ってしまったり、ジャンプしたりしようとすると、頭の中に残っている感覚と実際の体の反応に大きなズレが生じ、転んでしまう可能性があります。

私が先日４００ｍトラックを全力で走るイベントに出たときのことです。

私は日ごろからランニングは習慣化していますが、短い距離でスピードを上げて走ることはここ数十年間、まったくしていませんでした。それでも自分の最速で走れていた学生時代のイメージは頭の中に残っています。

あのリズムや歩幅、風を切る感覚、脚が蹴り上がる感覚など……そのイメージで第一歩を踏み出したとき、現実にはまったくそれができないことに落胆したことを今でも覚えています。数十年間やっていなかったのだから、できなくて当然のことなのですが……。そのおかげで、「やっぱり自分は速く走るのが向いていない！」と勝手に決めつけています（笑）。おそらく今後そのようなイベントには出ることはないでしょう。

もしお父さんたちが運動会で少しでも格好いいところを見せたいのであれば、それに向けてしっかり練習する必要があります。その過程で体は変わっていきます。体が絞られて筋力が回復し、１００％とまではいかなくても、昔の感覚は必ず戻ってくるはずです。

何かのイベントをきっかけに運動を始める。それはとてもいいことです。でも、そのイベントまでに何もしなかったのなら、きっと思ったような結果を出せず、その運動が嫌いになってしまうでしょう。

アドバイス 挫折しないためには「運動を特別なこと」にしないこと

NG 29

食べたいものをがまんして、抑える

脂肪が多い人ほど、食欲が抑えられない体質になる！

「ストレス太りはあります」

摂取カロリーと消費カロリーのバランスで太るかやせるかが決まることは今まで説明してきた通りです。しかし、いくらその摂取カロリーを抑えようとしても、「もっと食べたい」「まだ満腹ではない」「空腹である」「まだ食べられる」という感覚はどうしてもコントロールが難しくなります。

適量で適カロリーになった段階で脳が満腹という信号を出して、もうこれ以上は食べられないよ！ と知らせてくれたら一番いいですよね。

しかし、太ってしまう方の多くは、この満腹と感じ、食べる行為を制限することができない状態になっています。それは意志とは関係のないところ、つまり、脳の働きによるところなので少々やっかいです。

人間の食欲は脳の視床下部《ししょうかぶ》という部分でコントロールされています。その中にある**視床下部腹内側核《ふくないそくかく》は俗に満腹中枢と呼ばれ、「満腹だから食べるのをやめなさい」という指令を出しています。それに対し、視床下部外側野は摂食中枢と呼ばれ、「お腹が空いたから何か食べなさい」という指令を出します。**

このように視床下部は、体の状態を最適な状態にセッティングするための装置のようなものであり、この機能がしっかり働いていれば、極端に太ることや極端にやせることはないわけです。

ところが、何らかの事情で満腹中枢がうまく働かない場合、満腹を感じなくなるので食べ続けてしまい、肥満になってしまいます。逆に、摂食中枢が壊されれば必要な分も食べなくなるので、極端な話、餓死してしまいます。

満腹中枢が刺激を受ける要因は様々ありますが、その第一の因子は血糖です。食後に血糖値が上昇すると満腹中枢は刺激を受け、満腹になったという情報を大脳に送ります。

そしてもう一つ重要な働きかけをする因子があります。それは「レプチン」というホルモンです。レプチンは食事を始めて数十分経つと脂肪細胞から分泌が始まり、血糖と同様に満腹中枢に作用します。

脂肪細胞というと単なるエネルギーの貯蔵庫というイメージがあるかもしれませんが、実は内分泌器官（ホルモンをつくる器官）という重要な役目も果たしているのです。

ここで一つの矛盾点にお気づきでしょうか。

「肥満の人は脂肪細胞が多いのだから、レプチンも通常よりも大量に分泌されていて、食欲がうまくコントロールできるのでは」とは思いませんか？

ところが肥満の人は、レプチンが多く出続けた結果、満腹中枢でレプチンを感知するレプチン受容体の反応が鈍ってしまっていて（これをレプチン抵抗性と言います）、満腹感を適切に得られなくなっている場合が多いのです。

さて、ここで本題ですが、ストレスを感じると、このレプチンは減少するといわれています。とすると、**ストレスを受けてレプチンが減少し、食欲が増して肥満になる、レプチン抵抗性でさらに食欲のコントロールが利かなくなる、**という悪循環に陥ってしまう危険性があるのです。

皆さんはストレスをきちんと解消できていますか？　ちなみにアルコールと過食はストレスの軽減にはなりません。それらは感覚を鈍化させているだけで、根本的なストレスの解消にはなっていない場合があります。アルコールに酔うと、その一瞬、嫌なことを忘れられて楽しくなっているだけで、酔いが覚めればすぐに現実の世界に戻ります。
家族や友人、専門家に相談したり、スポーツや映画を楽しんだり、自らに合ったストレスの根本的な解消方法が見つけるのが、ダイエット成功への近道かもしれません。

アドバイス

ストレス太りなら、食べ物ではない「ストレス解消法」に目を向ける

第4章

「情報」

――間違ったやせ方に振り回されない！
ダイエット成功者が「やらない」9つのこと

NG 30

芸能人考案のダイエットにチャレンジ

科学的に検証すると、ツッコミどころ満載！

「私は○○をしてやせました！」

メディアで公表するからには、当然実際にやせて成果が出たのでしょうから、嘘偽りのない事実なのでしょう。しかし、本当にその運動によって成果が出たのかは不明です。

以前、あるグラビアアイドルの方が「私はこのエクササイズでバストアップしました」と紹介していたエクササイズは、「1kg程度のダンベルを両手に1個ずつ持ち、胸の前で合わせて開く動作を繰り返す」というものでした。

しかし、**そのエクササイズで胸の大胸筋に負荷はかかっていません。**重力によって落ちていくダンベルを肩の筋肉である三角筋で支えているので、実際には三角筋のトレーニングになっています。そのグラビアアイドルがバストアップしたのには、たとえば並行して行っていたベンチプレスなど、間違いなくほかの要因があるはずです。

残念なことに、エクササイズ系のダイエット本には、このように専門的なことが考慮されていない自己流のものが多くあると感じています。

たとえば、ダンベルを使ったエクササイズを専門家が考える際は、必ず重力を考慮します。ダンベルが重力で落ちようとしているのを、筋肉を使って持ち上げる、だから筋肉に負荷がかかってトレーニングになるのです。そして、その持ち上げる筋肉の大きさを考慮して重さを設定します。大きい筋肉なら重いダンベルを使う必要がありますし、小さい筋肉ならば軽めに設定しなければなりません。

「アームカール」というダンベルを持って肘《ひじ》の曲げ伸ばしをするエクササイズは、腕の前面である上腕二頭筋という筋肉（通称力こぶ）を使います。ご自身の力こぶを見ていただいて分かる通り、それほどサイズの大きい筋肉ではないので、女性なら３kg程度のダンベルで十分に負荷をかけられ、筋肉を増強させることができます。

しかし、その３kgのダンベルを持って、下半身のトレーニングであるスクワットをしたらどうでしょうか？

下半身の筋肉は体の中で最も大きな筋肉で、女性でも両脚を使えば１００kgのタンスを動かすことができるくらい大きな力を出すことが可能です。その筋肉に対し、３kg程度のダンベルを持って負荷をかけたところで、ほとんど効果は得られないでしょう。

このように、ダンベルは重力や筋肉のサイズを考えて重さやエクササイズを構成しなければならないので、1種類のダンベルで全身の筋肉を鍛える（増強させる）ことは不可能です。したがって**部位によって重さ設定が変わらない「簡単！　ダンベルエクササイズ」といった類《たぐい》のものは疑ってかかったほうがいいでしょう。**

少し話はそれますが、ダンベルのように重力を考慮する必要のないエクササイズツールがあります。それはチューブです。チューブはゴムの伸張、つまり張力の抵抗を負荷にしてトレーニングをするエクササイズツールです。

とはいえ、きちんとしたエクササイズを行うには、ある程度の知識が必要です。鍛えたいと思っている筋肉がどこからどこについているのか？　それらの関節をどのように動かせばいいのか？　をしっかり理解して、チューブの長さを調整することで、それぞれの筋肉に適切な負荷を与えてあげなければなりません。

また、二の腕の皮下脂肪、通称「振り袖」を取るためのエクササイズとして、両腕を広げて振り袖をブルブル振るような動作を推奨する方がいます。

「二の腕がシェイプされます！　振り袖が取れます！」と言いながらそのようなダンスをしているシーンをテレビなどでも見かけます。

しかし、**体脂肪は、振ると分解されてなくなるものではありません。**たしかにダンスをしているわけですから、有酸素運動にはなっているので体脂肪は燃焼されます。しかし、それは体中の体脂肪がエネルギーとして使われていることであって、動かしている、振っている部分のみが積極的に使われるという科学的根拠はまったくありません。

二の腕を振るよりももっと大きな筋肉、**たとえば下肢の筋肉がより使われるように脚を広げたり、大きく踏み出したり、またはもう少し息がはずむぐらい移動距離を増やして強度を上げたほうが、結果的に二の腕の皮下脂肪は落ちる**はずです。

アドバイス 効果を上げたいなら、簡単なダイエット法こそ疑うこと

まだまだ挙げたらきりがありません。このようなダイエット方法が簡単に広がるのが日本の特徴だと思います。もし、そのメソッドが効率のいいものでもなくても、ご自身が楽しく、やる気になるものであれば、きっと成果は出るでしょう。

すべてを否定するつもりはありませんが、リバウンドせずにしっかり効果が出せている人はやはり専門家が考えたものを選んでいるように思います。

NG 31

「食べすぎた！」と思った翌日に体重計に乗る

「増えた体重＝体脂肪」と思っていませんか

「昨日は食べすぎたからやはり増えた！」

そんな悲鳴を上げながら体重計に乗ったことがある方も多いでしょう。

もちろん、体重を量《はか》ることは、ダイエットの進行状況を把握するために有効な行為です。しかし、その情報の取り方が間違っている場合が多いのも事実です。

前日に食べすぎたら当然体重は増えますが、それは体脂肪量が増えたわけではありません。過剰にカロリーを摂って余った分が翌日にもう体脂肪になっている、人間にはそんな早ワザはできないのです。

私たちが食事で摂取したものは一連の消化器官で様々な栄養素に分解されて、それらは血管を介して各器官に運ばれます。そこで、たとえばアミノ酸は細胞の損傷を修復したり、グリセロールはエネルギーとして貯蔵されたりします。

基本的には細胞の修復をして余った分がエネルギーの貯蔵に回されるというわけではな

く、エネルギーの貯蔵は細胞を修復したりしているのと同じタイミングで行われています。

それはつまり、エネルギーを貯蔵させるというのも、細胞を修復させるのと同じぐらい、生命を維持するためには必要だということです。

摂取カロリーが多ければ当然、貯蔵される量は増えていきます。しかし、（食べた食品のバランスや個人の代謝能力によっても異なりますが）**貯蔵されるまでには最低でも３日から長くて１週間程度かかります。**

脂肪は脂肪酸とグリセロールに分解されて小腸から吸収され、リンパ管を通って血中へ移動します。いったん体脂肪として貯蔵されてしまうと、それらをエネルギーとして使うにはＴＣＡ回路という燃焼系統を経てエネルギーに変換させなければならないのですが、体脂肪として貯蔵される前、つまり血中に脂肪酸やグリセリンとして存在している段階ならば、速やかにエネルギー源として使用されます。

「食べすぎてしまった！」と過去を悔やんでも仕方がありません。後悔している暇があったら、体脂肪として蓄積されるまでには数日間の猶予があるのですから、その前に体を動かしてエネルギーとして使ってしまえばいいのです。

食べすぎた夕飯のあと、ちょっと散歩に出かけよう、レストランで食べすぎたから少し歩いて家に帰ろうか、明日は多分食べすぎる、あさっては午前中は休みにして運動の時間に充《あ》てよう。いいですね。こういうことなのです。

では、翌日にはまだ体脂肪になっていないはずなのに、なぜ体重は増えているのでしょうか？

たくさん食べれば、それだけ体の内容物が増えるわけですから、体重がその分、増えるのは当たり前です。1kgの肉を食べて直後に体重計に乗ったら、当然体重は1kg増えているはずです。翌朝までに消化吸収されても、排便前なら体重は若干重いままで、排便されれば軽くなります。

また、特に、**炭水化物やアルコール、塩分の多い食事などを多く摂った場合は、一時的に体重は増えやすくなります。**

前にも述べましたが、糖質1gに対して水約3gが吸着する、つまり炭水化物を多く摂ると、それだけ体内の水分量も増えるため、その分、体重は増えます。

また、アルコールの利尿作用により失われた水分を補うため、塩分の多い食事で上昇した電解質濃度を薄めるためなど、水分を多く摂るようになる分だけ当然、体重は増加します。これらの要因で体重は一時的に増えますが、まだ体脂肪にはなっていないのです！

そこで、「あ〜やっぱり太った。ダイエットに失敗した。もうや〜めた」と思ってしまわないでください。

まだ失敗していません。落胆する前に、まず体を動かしてエネルギーとして使ってしまえばいいのです。

食べすぎた翌日に体重計に乗ることは、摂取した水分や食べたものの量を量っているにすぎません。もし、それらの量を知りたいのなら、そして誤った落胆をしないのであれば、どうぞ体重計に乗ってください。でも、知って得することはあまりないでしょう。

アドバイス

食べすぎても、体脂肪になる前に消費すればいい

NG 32

効果が上がる時間帯を狙ってランニングする

朝走るのと夜走るのとではどちらが効果的か

「何時ごろに運動すると効果が上がりますか?」

という質問を頻繁に受けます。クライアントからもよく聞かれますし、雑誌の取材や講演会などでもたくさん受ける質問です。

運動に適している時間帯というのは実際にはあります。つまり、その時間帯にトレーニングすると、そのトレーニング自体のパフォーマンスが上がるというものです。トレーニングのパフォーマンスが上がるというのは、

・より重たいものを持ち上げられる可能性が高まる。

・よりスピードを上げて行うことができる。

・より集中力が高まる。

などの効果が期待できるということです。

それは夕方の4時～6時ぐらいの時間帯といわれています。

実際にプロアスリートの練習を見ていても、競技・種目にあまり関係なく、筋トレなどのフィジカルトレーニングはこのくらいの時間帯に設定されているケースが多いようです。午前中に1部練習（1回目の練習）、昼食を食べて少し昼寝、午後に2部練習（2回目の練習）、夕方から筋トレ、夕食を食べてからケア（ストレッチやマッサージ、治療など）といった流れです。

私も実際にアスリートを指導していて、この時間帯は動きがよかったり、トレーニング自体のパフォーマンスが上がっているように感じるときがあります。

このような作用が起きる要因には、自律神経が関係しているといわれています。

自律神経は、交感神経と副交感神経があります。

交感神経は主に心拍数を上げ、体を覚醒《かくせい》させ、筋肉を緊張させ、体を活動的にさせる、つまり運動できる状態に持っていくときに、主に活発になる神経です。朝起きたときから徐々にこの交感神経の働きが優位になっていきます。そして夜になると体を休ませなければいけないので、心拍数は落ち着き、筋肉の緊張は弛緩《しかん》し、徐々にリラックス状態に移っていきます。このときに副交感神経が優位になっています。

もちろん個人差はありますが、夕方の4時〜6時というのは、この交感神経優位から副交感神経優位に入れ替わる時間帯です。

副交感神経が働き始めるので筋肉が緊張しすぎず、それでいて体がしっかり動かせる交感神経も適度に優位になっている時間帯ということです。

この時間帯よりも遅くなると、体はもう休もうとして副交感神経が優位になってきています。その状態で筋トレなどを行えば、交感神経を無理やり優位にさせていかなければならないので、理論上では自然な自律神経の働きに反していることになります。

その結果、夜ベッドに入る段になっても交感神経が優位なままで眠れないということになってしまいます。**夜にランニングをして、体は疲れているのに眠れない**という経験は、私自身にも多々あります。

このように、**パフォーマンスを上げるには夕方の時間帯が一番よい**ということは科学的にも問題なくいえると思いますし、すでにいろいろなメディアでも取り上げられています。

ですが……ここで重要なのは、その時間帯でなければ効果が落ちると過剰に受けとめてしまわないでほしい、ということです。決してそのようなことはないので、どうかご安心ください。

たしかにこの時間帯に運動をすれば、今まで説明した要因から効果は上がりますが、それはあくまでもアスリートが限界まで追い込むような超ハードなトレーニングを行った場合に初めて違いが表れるといったレベルで、健康維持増進程度の運動強度なら、ほとんど影響はないと考えられます。したがって、まったく気にする必要はありません。

それよりも、実際に成果の出ている人は、自分の生活パターンに合った継続しやすい時間帯を見つけることができて、その時間帯に運動する習慣がきっちりと身についている人です。

たとえば、朝起きるのが苦手だった人が一度だけ友人に誘われて朝にランニングしてみたら意外に気持ちよく、その日1日の体調がよかったという経験から、その後、それが習慣になってしまいました。

習慣化された人は、ランニングができない日があると、なんかスッキリしない、気持ちが悪いと感じるようになります。そうなれば完全に習慣化されたといえます。

自律神経の観点から考えれば、朝の起床後から徐々に交感神経が優位になっていくところで、急激にランニングによって交感神経を覚醒されるわけですから、間違いなく負担にはなっているはずですが、それ以上に自分が気持ちいい、続けられる、生活パターンに負担がなく習慣化できる時間帯を見つけられたことのほうが重要で、成功パターンであるといえます。

また、最近はランチの時間帯や午後3時前後など、昼下がりの眠くなる時間帯にちょっと会社を抜けだしスポーツクラブに運動に行く人も多くなりました。

昼食後に副交感神経が優位になって眠くなっているのを、コーヒーを飲んで必死に耐えながら仕事するよりも、30分でいいからスポーツクラブで体を動かして交感神経を優位にしたほうが、結果的にその日の仕事効率が上がると感じる方も多いようです。

最近のスポーツクラブはフルレンタル会員という種別があり、月会費に数百円プラスすると、タオル、シューズだけでなく、Tシャツや短パンなどもすべて貸してくれます。これなら会社から財布と携帯だけ持って来ればいいので上司や同僚にばれません(笑)。

実際にそのような方も多いようです。私自身もこうして原稿を書いているときに、集中力が途切れて眠くなるときがあります。締め切りが迫っていても思いきってランニングに行くと、スッキリして効率が上がり、予定していたよりもはかどる場合が多いです。

また、今日やるべき仕事がすべて終わったら走りに行く、ということもあります。時間の制限がなくダラダラやっているとあまりはかどらないから、何時までに全部終わらせて走りに行こう！　と決めると意外にははかどります。

やるべきことを全部終わらせてからのランニングはまた格別です。
朝に走る、昼に走る、夕方に走る、仕事の合間に走る、仕事が終わってから走る……。自分に合った運動の時間帯が見つけられた人は成功しています。自分に合ったベストな時間帯は、人それぞれに違います。

アドバイス

「時間帯」よりも「習慣化」のほうが重要

NG 33

体重計に乗って、「昨日より○g減った」と喜んでいる

体重がすぐ元通りになってしまうワケ

「あ〜、300g増えてる！」

体重計に乗って、そのように嘆いたことのある方も多いでしょう。逆に昨日よりも数百g減った！　と喜んだこともあるのでは!?

でも、前にも書きましたが、人間の体はそんな簡単に数時間単位で体重計に反映されるほど体脂肪が減ったり増えたりすることはありません。

数時間程度における変化はほとんど水分量や排泄物の影響です。「ちりも積もれば山となる」で、毎日少しずつ体重計には反映されないほどの微量な減少の積み重ねで、ようやく数kg減ったと数値にはっきりとした変化が表れるのです。個人差はありますが、それには最低でも2〜3カ月はかかります。

人間にはそもそも「セットポイント」（設定値）というものがあります。エアコンが設定温度を保つのと同じような機能が人間にもあります。このことを「体重の恒常性」とい

います（体重に限らず、体温・血液中のホルモン濃度などの状態も、一定の変動範囲内で常に保たれています）。

つまり、**人間はちょっとくらい食べすぎても、体重はすぐ元に戻るのです。**また、反対に少しぐらい食べない時期があって体重が減っても、自然に元の体重へと戻っていきます。単純に太り続ける、やせ続けることはないということです。

少し食べすぎたから次の日には意識して階段を使うというような些細なことでも、十分に体重の増加をセーブさせています。

実際に体重を毎日測定し、折れ線グラフ化していくと、線が横や斜めなど一直線になることはほとんどありません。必ず日単位で凸凹《でこぼこ》したグラフになります。いつもクライアントのグラフを見て、体重の恒常性が働いていることを実感しています。

ということは、恒常性に反して、凸凹を描きながらでも体重を減らしていくのは非常に困難で、本能的に備わっている恒常性に負けないようにするには、かなりの努力が必要であるといえます。

実際に、恒常性に勝ってダイエットに成功している人のほとんどは、「食生活が以前に比べて画期的に変わった」「運動量が明らかに多くなった」といったライフスタイルの大改革を成し遂げている場合がほとんどです。

毎日体重を量ってその日の体重の増減に一喜一憂することも、それ以上に増やさないためには必要なことかもしれませんが、多少の増減に目を向けるよりも、明らかな食生活の改革、明らかな運動量の増加を続けることに意識を向けた方が、ダイエット成功のための近道であるといえるでしょう。

ここまでの章でその方法はいろいろと紹介してきました。明らかな食生活の改革は、穀類やタンパク質、野菜、油、アルコールなどの摂り方を紹介してきました。また、明らかな運動量の増加は有酸素運動で、ランニング、筋トレ、階段を使うことなど紹介してきました。

これらを実践すれば、今までのライフスタイルは明らかに変わって大きな改革になることでしょう。そして、それが恒常性に勝つための要因となってくれることでしょう。

これもまた個人差はありますが、恒常性に勝ち、**自分の理想の体重になってから、その体重を最低でも4年以上維持すると、その体重が恒常性のベース体重になる**といわれています。

そうなれば、多少食べすぎても、多少運動をしない期間があっても、その体重が維持できるようになります。人生80年以上と考えれば、さほど気の遠くなる話ではないはずです。
今日は食事も我慢した、運動も頑張った！ なのに、数gしか変わっていない！ と落胆する必要はないのですよ。その積み重ねで自分の恒常性に勝つことが本当の目的なのですから。

アドバイス

多少の体重の増減より、新しい運動習慣や食生活に目を向けよう

NG 34 通販で脂肪燃焼グッズを見ると、つい買ってしまう

脂肪はよく動かしても、もんでも叩いても変わりません

「お腹の脂肪がプルプル震えています！」

通販番組でよく耳にする言葉です。また、二の腕やお腹の皮下脂肪にローラーのようなものでコロコロして、あたかもその作用によって皮下脂肪が分解するかのような印象を与えるグッズが売られています。

不思議でならないのですが、なぜ、それで皮下脂肪が燃焼すると思ってしまうのか？　よく見てください。決して**「皮下脂肪が燃焼される・分解される」とは言っていません。**

「プルプル動いている！」

「なんか、ぽかぽかして熱くなってきた！」

「見て、このプルプル。こんなに脂肪が揺らされています！」

ひと言も脂肪が燃焼すると言っていません。にもかかわらず、圧倒的な成果が数値として紹介されています。

しかし、お気づきでしょうか？　下に小さい文字で「適切な運動を栄養指導も併用した結果」と書いてあります。また、「本人による個人的な感想です」とも。

ローラーを一生懸命に動かしていれば、何もしないよりはカロリーを消費するでしょう。かなり微量ですが……でも、最近ではそれすら電動になっている場合があります（笑）。

さらに、金属部分に特殊な金属を使っていて、それがあたかも燃焼効果を高めてくれるかのように謳っているものや、クリームを塗ると、その成分が皮下脂肪の燃焼を促進するような印象を与えるものまで登場する始末です。

残念ながら、そのようなもので皮下脂肪が効率的に燃焼されるという信憑性《しんぴょうせい》のあるエビデンスは存在しません。成功している人のほとんどは、そのようなものに騙されていません。結局は皆さん、運動と食事で成功しているのです。

もしグッズを買うのであれば、ちゃんと運動になるステッパーやエアロバイク、ダンベル、チューブ、バランスボールなどエクササイズができるもの、筋肉を自分の意思で動かすもの、「楽々！」ではなく、「辛い、キツい、でも効く！」ものを選ぶようにしてください。

アドバイス

ラクやせより確実にやせる王道を選べ

NG 35

体型を維持するために半身浴をしている

たくさん汗をかくと、代謝が上がって本当にやせる？

「体型を維持するためにされていることはありますか？」

「半身浴をしています。多いときで2時間も入っています」

半身浴でダイエット？　たしかに半身浴をすればたくさんの汗をかきます。**汗をかくことと体脂肪燃焼量は比例関係にはありません。**たくさん汗をかけば、それに比例して体脂肪が燃焼されるわけでは決してないのです。

半身浴で汗をたくさん出し、2ℓのミネラルウォーターを浴室に数本持ち込み、読書でもしながら2時間以上入る。健康のためにやっているのかもしれませんが、反対に、それはとても危険な行為といえます。

汗をかいて水分が足りないと、血液内の水分量が減って血栓ができやすくなるため、脳梗塞や心筋梗塞などを引き起こすきっかけになる可能性があります。また、脱水症状を予防する観点からも水分を多く摂るようにするのはよいことですが、**水だけを摂りすぎると、**

血液の電解質のバランスが崩れて薄まってしまいます。そうすると「水中毒」といわれる低ナトリウム血症になってしまう可能性があります。重症になると、嘔吐や痙攣《けいれん》などの症状が出てきます。最終的には死亡することもあるぐらい危険な状態です。

適度な糖質やミネラルが含まれているスポーツドリンクを摂っていれば、ある程度回避できますが、半身浴でやせようと頑張る人は、そのスポーツドリンクのカロリーさえも気になってしまうのではないでしょうか。

半身浴で汗をかく＋高価なミネラルウォーターを常温で飲む。この組み合わせを見ただけで「モデルがやっている美ボディの作り方」のようなイメージが湧く方が多いでしょう。その時間があれば、その4分の1の30分でもいいので、キビキビウォーキングでも軽いジョギングでもいいので、それらをやったほうがはるかに効果は高いです。

また、前項でも書きましたが、半身浴の最中に塩でお腹や二の腕を揉《も》んでも、皮下脂肪は燃焼しません。サランラップで巻いても同様です。粗塩《あらじお》で脂肪を揉む？　毛穴から皮下脂肪が出るわけありません（笑）。

アドバイス

汗をたくさん出し、水をたくさん飲むダイエット法はかえって危険

NG 36

痩身のために便秘薬や下剤が手放せない

「宿便をとればやせられる」のウソ

「もう1週間も出なくて……」

そんな便秘に悩んでいる女性も多いのではないでしょうか？　若いうちから便秘に悩み続ける女性も多いと聞きます。また最近は男性が便秘を訴える比率も上がってきていて、特に中高年において増加傾向にあるといわれています。

その要因としては、糖尿病の合併症である末梢神経障害や、定年退職などによる社会環境変化による心理的要因などが考えられます。一部の報告では、便秘外来受診者は50歳以上が多く、年齢が上がるにつれて男性の比率が高くなっていき、60歳以上では男女比がほぼ同じになるそうです。どうやら「便秘＝女性の悩み」ではなくなってきているようです。

では、そもそも便秘とはどのような症状のことを指すのでしょうか。

勘違いしがちですが、**毎日便が出ないといけないわけではないのです。**腸の長さには個人差がありますし、食事内容だって毎回違います。毎日排便されなくても、不調でなければば問題はありません。一般的には3日以上排便がなかったり、毎日出たとしても35g以下(ピンポン球1個程度)だと便秘の可能性があるとされています。便秘の原因は、ご存じの方も多いでしょうが、食物繊維不足や水分不足、運動不足などです。

ということは、運動は便秘解消に効果があるということです。

ランニングをすれば、腸が上下左右に揺すられて刺激になります。また、運動をしていると水分を意識的に補給するようにもなります。長年便秘に悩んでいたけれど、ランニングをするようになって一気に解消されたとおっしゃる方もたくさんいます。

また、先述したように、心理的な要因によっても便秘は起きます。定年後の大きな環境の変化が要因となったり、はたまた強迫観念から便秘になる人もいます。「今日はまだ出ていない!」と過敏に反応してしまい、ますます出なくなるということも多いようです。

実は私もこれと似たような経験をしています。私は普段から1日最低でも2~4回程度排便があるのですが、年に1日だけ、どうしても出ない日があります。それは人間ドックの日です。人間ドックの前日には検便用の便を採取しなければならないのですが、どうしても出さなければいけないプレッシャーからか、そのときに限ってどう頑張っても出ないのです。仕方なく検便のキットを持って家を出て、何度もチャレンジするのですが、それでも出ません。多いときは4回または5回排便があるのに、まったく不思議なものです。

もし、あなたが排便できない要因がこのような心理的な事由の可能性があるのなら、「毎日排便しなければいけないわけではない」と知ることも重要かもしれませんね。

ところで、便秘を解消すると、やせやすくなると思ってはいませんか？

残念ながら、便秘だから太りやすい、便秘が解消されれば体脂肪が燃焼されやすくなると考えるのは、ちょっと飛躍しすぎだと思います。通販番組を見ていると、「便秘を解消して体重○kg減」などと謳っているものもありますが、それは出た便の分だけ体重が減ったのであって、体脂肪の減少とは関係ないと考えるのが妥当です。

また、宿便を解消して腸からキレイになる。それが美肌や、やせやすい体質につながると信じている女性も多いようです。

しかし、**そもそも「宿便」というものは存在しません。**宿便、つまり大腸に便がこびりついて溜まっているような間違ったイメージを持ってしまうのは、腸には洗濯機の排水管のようにヒダがあるので、そのヒダの間に便が溜まっている状態を想像しているからでしょう。そして、その長時間留《とど》まった便が腐敗して、腸の吸収が悪くなったり、代謝が下がったり、または毒素が発生して体に回るといったイメージをしてしまうのでしょう。

　ですが実際には、そのようなヒダは小腸にはたしかにありますが、便が溜まる大腸にそのようなヒダはなく、つるつるしているので便がへばりつくようなスペースはありません。宿便を取ることが美肌やダイエット、解毒《げどく》などに効果があるというイメージが強く、便秘を解消するのとは別の行為が必要だと思っている方が多いようですね。

　さて、少し話がそれましたが、便秘が解消されれば、体脂肪が減ったわけではないにせよ、たしかにお腹はすっきりしますし、お腹が少しでも凹めば、それはそれで嬉しいでしょう。**便秘を解消するために必要なことは、食物繊維を多く摂ること、そして運動をして腸を動かし、刺激を与えること。さらに水分をしっかりと摂取すること、これらにつきます。**

　腸に刺激を与えるという意味では、腹筋運動でも十分に効果があります。できればお腹の深層部まで刺激を与えるために、体をひねるツイスティングシットアップのようなものがよいでしょう。運動で便秘が解消できて消費カロリーも増えれば一石二鳥。便秘薬を使うよりも健康的ではないでしょうか？

アドバイス

便秘の人は、食生活改善とあわせて腸に刺激を与える腹筋運動を

NG 37 カロリーが気になるから、ゼロカロリー飲料を選ぶ

砂糖の代わりに人工甘味料を使う意外な健康リスクとは

「しかも、ゼロキロカロリー!! 糖質もゼロ!!」

という宣伝をよく耳にします。ゼロキロカロリーや糖質ゼロのものは、缶コーヒー、コーラ、スポーツドリンクなどの清涼飲料水以外にも、最近はビールまであります。

それらを飲んだとき、皆さんは、「こんなに甘いのに、なぜゼロ?」と疑問に思う方が多いでしょう。ご存じのとおり、それは人工甘味料です。人工甘味料は「甘みがあり、砂糖に代用される合成食品添加物」です。

この人工甘味料には大きく分けて2種類あります。一つは天然に存在する甘味物質を人工的に抽出したもので、「キシリトール」や「ステビア」などが知られています。

また、その反対に、天然に存在しない物質を合成した人工甘味料として「アスパルテーム」や「サッカリン」などがあります。これらは砂糖の200倍、ものによっては600倍の甘さがあるといわれています。

つまり、砂糖に比べてかなり少量で甘さを出すことができるわけで、これらの人工甘味料は清涼飲料水を製造する側から考えれば、コストが抑えられるということもあり、実際に多くの商品に使用されています。

甘さがあるのにカロリーがないということは、舌では甘さを感じるにもかかわらず、血糖値が上がらないということが起きます。

通常は砂糖などの甘いもの（糖質）を摂ると、血糖値が急激に上がります。そのまま血糖値が上がりっぱなしだと高血糖になって血管を傷つけてしまい、結果的に動脈硬化の要因になってしまいます。そこで膵臓からインスリンが分泌され、血糖値をゆるやかに正常値までに下げてくれます。

では、人工甘味料の場合はどうなのでしょうか。

実は人工甘味料でも、舌が甘みを感知した時点で、膵臓からインスリンが分泌されるといわれています。しかし、しばらく待っても血糖値はいっこうに上昇しない……。そうなるとインスリンの分泌量は平素の量に戻っていきます。

つまり、**人工甘味料を摂るということは、膵臓を騙して無駄なインスリンの分泌という作業をさせてしまっているわけです。**

それによって、どれだけの健康被害があるのかは、今のところ信憑性のある研究結果は出ていないため、それほど過剰に反応することはないでしょう。しかし、糖尿病患者の方には弊害がある、糖尿病になる可能性があるなどと警告する一部の研究者がいるのも事実です。たしかに過剰に摂り続けたら、膵臓に無駄な負担をかけ続けることになるので、専門家ならずとも、そのような予測は立つと思います。

また、下痢などの症状が出る人もいますし、肥満になりやすいというデータもあります。今の段階では不明な点が多いので安易なことはいえませんが、今後、厚生労働省から何かしらの勧告はでるかもしれませんし、出ないかもしれません。

しかし、内臓を騙し、出す必要のないタイミングでインスリンを分泌させる……と聞いてしまうと、過剰に摂取するのは控えたくなりますよね。「健康的＝カロリー・糖質ゼロ飲料」とは一概にいえないかもしれないですね。

悪者にされてしまいがちな砂糖ですが、過剰摂取をすれば、もちろん肥満や糖尿病のリスクはありますが、量さえ意識すればほとんど問題はないといえます。リスクが潜んでいるかもしれない人工甘味料よりも、どうしても甘みが必要なときは、適量の天然の甘みを選択するほうがいいのかもしれません。

今まで運動をまったくしていなかった方が運動を習慣的に行うようになると、味覚が敏感になったと感じることが多いようです。味覚以外にも皮膚で感じる温度感や体の痛み、嗅覚なども敏感に機能し始めることが多いようです。

「白米ってこんなに甘いんですね！」
「麦茶に砂糖が入っているんじゃないかと思うぐらい甘く感じます」
「自分の作った味噌汁なのに、最近すごくしょっぱく感じます」

などは、よく聞く話です。

実は禁煙に成功した方からも同様のことをよく言われます。

運動する、禁煙することで人工甘味料や砂糖の力を借りなくても甘さを感じるようになり、ダイエット成功に一役買うかもしれません。

アドバイス

健康的にやせるには、「運動」と「禁煙」が最高の甘味料になる！

NG 38 年をとるとやせにくいから仕方がないと思っている

筋肉量が減るのは老化現象ではありません!

「私はもうトシだから……」

「年をとったから体力が衰える、筋肉量が減る」――皆さんが当たり前だと思っていることの情報は、実は間違っています。

最近のテレビの情報番組などで見かける「サルコペニア」の情報を誤って解釈し、加齢により筋肉が減少していくのは仕方がないことと勘違いして受け止めてしまっている方が多いと感じます。最後にここで皆さんにきちんと説明しておきます。

サルコペニアとは、厚生労働省の説明では「高齢になるに伴い、筋肉の量が減少していく現象」とされており、25～30歳ごろから進行が始まって徐々に筋肉の量が減少していく現象で、俗にいう老化現象の一つと考えられます。

これは**筋線維数と筋横断面積の減少が同時に進んでいく**ことによるといわれています。

そのメカニズムはまだ完全には判明していませんが、今分かっているところでは、次のようなことが要因だと考えられています。

1 身体活動不足
2 運動の減少
3 慢性の炎症
4 ストレスの増加
5 障害
6 ホルモン分泌量の変化
7 インスリン抵抗性
8 DNAの損傷 など……

これを見て、皆さんは何か気づきましたか？

6・7・8の3項目、「ホルモン分泌量の変化」「インスリン抵抗性」「DNAの損傷」は、何のことだかイマイチよく分からなくても、自分自身の努力で解決できる問題ではなさそうだと予測できるはずです。

しかし、それ以外の項目は、すべて自分自身で何とか対処できそうではありませんか⁉

実は**加齢とともに筋量が減少していく生理学的要因のほとんどは、不活動、運動不足によるもので、自分自身で十分に予防も解決もできる問題なのです。**厚生労働省からも「主に不活動が原因として考えられる」と発表されています。

私は10年以上にわたり、早稲田大学の公開講座でバランスボールのグループ指導を行っています。

10年以上同じ講座を行っていると、いろいろなことがあります。最近もこんなことがありました。その日は初めて参加する40歳ぐらいの女性がいました。いつも通り基礎的な下半身の筋力トレーニングを行ったのですが、その方は学校を卒業してから何も運動をしてこなかったそうで、その動作を3、4回行うのがやっとでした。それも脚をプルプル震わせながら何とかやっとできたという状態です。そのこと自体は、問題ありません。

実はそのときに嬉しいことがあったのです。その講座には10年以上受講されている80歳代の方も何名か参加されています。その80歳代の皆さんが先ほどの40歳の方が3、4回しかできなかった筋力トレーニングを、なんと20回悠々とこなしているのです!!

そんな風景を見ると本当に嬉しくなります。でもその方々も最初は40歳の方と同じように、というよりはむしろその方よりも少ない回数しかできなかったですし、脚はもっとプルプルしていました。でも今は、10年間トレーニングを続けてきた結果、自分のお子さんくらいの年齢の人よりも筋力がついているのです。

仕事柄、街中を歩いていると、道行く人の歩き方や姿勢が気になって、ついつい見入ってしまうことがあります。おそらく80代であろう方が背中をまるめて下を向きながら、歩幅を狭く、脚を引きずりながら歩いている姿を見ると、今からでもトレーニングを始めれば少し楽になるのに……などと考えてしまいます。

そして、私の講座に来てくださっている80代の方たちがいつもキビキビ歩いていて姿勢がピシッとしている姿と、つい比較してしまいます。

「加齢による筋肉の衰えは食い止められるのですよ！」と教えてあげたくなることもしばしばです。

実際にトレーニングを頑張っている高齢者の方たちと話していても、「今が人生の中で一番筋肉がついていると思う」という方はたくさんいます。

きちんと運動をすれば、誰でも何歳になっても筋肉をつけることができるのです。

反対に、**20歳でも何もしなければ筋肉は落ちていきます。**世の中がこれだけ便利になれば、昔みたいにそれほど体を動かさなくても生きていけます。でも、それがさらなる筋肉量の減少を助長しているのも事実です。

私を含めてそうですが、便利で楽ができるものを人は求めます。そして、それがビジネスになっています。それらを使いたいと思うのであれば、その分、どこかで意識的に体を動かす運動の時間を作らなくては、筋肉は減っていってしまいます。

もちろん、若い人のほうが筋肉はつきやすく、トレーニングの成果は早く出ます。それは生理学的なことで仕方がないことです。また、運動による疲労の回復能力も、年齢が若い人のほうが有利なのもまた事実です。でも不可能なわけではないのです。何歳になっても筋力を向上させることはできるのです。ダイエットに成功している人たちはそのことを分かっています。年齢のせいにせずに頑張った結果、成功しているのです。

アドバイス

加齢による筋力低下は自分で止められる!

おわりに

「なぜこの本を出したかったのか?」

「自分にしか書けないことは何か?」

本を出すたびに、私はそう自問自答しています。

ありがたいことに、本書で著書・監修書が45冊目となりました。テレビの情報バラエティー番組に出ることを頑《かたく》なに拒み、45冊書き続けてきた意味は何なのか。情報化社会といわれるこの時代に、派手ではないけれど真っ当なことを真っ当に伝える。そんな当たり前のことがしたかった。それには「自分の声と自分の文字」で直接伝えるしか手段はありません。つまり、「執筆」と「講演」です。

実は執筆しているときも、講演の準備をしているときも、締め切りがあるので、本業(トレーニング指導)を行いながら焦ってしまい、「なんでこの仕事、受けたんだろう」といつも後悔をしています。なのに、それを十数年間懲《こ》りずに続けている……それは、書き終えたとき、話し終えたとき、最高の達成感と満足感が得られるからに他なりません。

この感覚が私の生きている「糧《かて》」なのかもしれない。そう考えたとき、もしかしたら「人や社会に何かを伝えたい」と格好つけて言ってはいるけれど、結局は自分のためなんじゃないか！　と自分に正直になれて、ずいぶんと気持ちがラクになりました（自己満足のために本を出すな！　というお叱りを受けそうですが……）。

「何を伝えるべきか、読者や聞き手が何を望んでいるのかを考えて四苦八苦するよりも、とにかく自分が満足、納得いくように書いて、話していこう。そして、その評価、判断は読者や聞き手に委《ゆだ》ねてみよう」

という姿勢で取り組み続けて、なお社会に求められる存在であったら、それは意味のある活動だったと言えるのではないでしょうか。

本書ほどタイトルに悩み、出版社の方々に迷惑をおかけしたことは今までにありません。書いている内容は自分でもしっくりいっているのに、「この内容に合ったタイトルは何か？」を改めて考え始めると半ば混乱してしまい、直前になって二転三転してしまいました。

それでも青春出版社の野島純子さんが「中野さんの納得いくタイトルを見つけていきましょう」と温かく受け入れてくださいました。さぞ社内での調整が大変だったでしょう。本当にありがとうございます。心から感謝しています。

中野ジェームズ修一

青春新書
INTELLIGENCE

こころ涌き立つ「知」の冒険

いまを生きる

〝青春新書〟は昭和三一年に――若い日に常にあなたの心の友として、その糧となり実になる多様な知恵が、生きる指標として勇気と力になり、すぐに役立つ――をモットーに創刊された。

そして昭和三八年、新しい時代の気運の中で、新書〝プレイブックス〟にその役目のバトンを渡した。「人生を自由自在に活動《プレイ》する」のキャッチコピーのもと――すべてのうっ積を吹きとばし、自由闊達な活動力を培養し、勇気と自信を生み出す最も楽しいシリーズ――となった。

いまや、私たちはバブル経済崩壊後の混沌とした価値観のただ中にいる。その価値観は常に未曾有の変貌を見せ、社会は少子高齢化し、地球規模の環境問題等は解決の兆しを見せない。私たちはあらゆる不安と懐疑に対峙している。

本シリーズ〝青春新書インテリジェンス〟はまさに、この時代の欲求によってプレイブックスから分化・刊行された。それは即ち、「心の中に自らの青春の輝きを失わない旺盛な知力、活力への欲求」に他ならない。応えるべきキャッチコピーは「こころ涌き立つ〝知〟の冒険」である。

予測のつかない時代にあって、一人ひとりの足元を照らし出すシリーズでありたいと願う。青春出版社は本年創業五〇周年を迎えた。これはひとえに長年に亘る多くの読者の熱いご支持の賜物である。社員一同深く感謝し、より一層世の中に希望と勇気の明るい光を放つ書籍を出版すべく、鋭意志すものである。

平成一七年　　刊行者　小澤源太郎

著者紹介

中野ジェームズ修一

フィジカルトレーナー・フィットネスモチベーター。米国スポーツ医学会認定ヘルスフィットネススペシャリスト。1971年生まれ。メンタルとフィジカルの両面の指導ができる、日本では数少ないスポーツトレーナー。日本を代表するトップアスリートをクライアントにもつ。クルム伊達公子選手の現役復帰に貢献したことでも有名。ロンドン五輪卓球銀メダリスト、福原愛選手のパーソナルトレーナー、2015年箱根駅伝を制した青山学院大学駅伝チームのトレーナーとしても活躍。

有限会社スポーツモチベーション
http://www.sport-motivation.com/

そのダイエット、脂肪《しぼう》が燃《も》えてません　青春新書 INTELLIGENCE

2015年5月15日　第1刷
2015年9月10日　第2刷

著　者　中野《なかの》ジェームズ修一《しゅういち》

発行者　小澤源太郎

責任編集　株式会社プライム涌光
電話　編集部　03(3203)2850

発行所　東京都新宿区若松町12番1号 〒162-0056　株式会社青春出版社
電話　営業部　03(3207)1916　振替番号　00190-7-98602

印刷・中央精版印刷　製本・ナショナル製本

ISBN978-4-413-04455-4

©Shuichi James Nakano 2015 Printed in Japan

本書の内容の一部あるいは全部を無断で複写(コピー)することは著作権法上認められている場合を除き、禁じられています。

万一、落丁、乱丁がありました節は、お取りかえします。

こころ涌き立つ「知」の冒険！

青春新書
INTELLIGENCE

パワーナップの大効果！ 脳と体の疲れをとる仮眠術	西多昌規	PI·434
頭がいい人の「考えをまとめる力」とは！ 話は8割捨てるとうまく伝わる	樋口裕一	PI·435
高血圧の9割は「脚」で下がる！	石原結實	PI·436
「志」が人と時代を動かす！ 吉田松陰の人間山脈	中江克己	PI·437
月900円！からのiPhone活用術	武井一巳	PI·438
実家の片付け、介護、相続… 親とモメない話し方	保坂　隆	PI·439
いまを生き抜く極意 「ズルさ」のすすめ	佐藤　優	PI·440
アルツハイマーは脳の糖尿病だった	森下竜一 桐山秀樹	PI·441
英会話 その単語じゃ人は動いてくれません	デイビッド・セイン	PI·442
名画とあらすじでわかる！ 英雄とワルの世界史	祝田秀全［監修］	PI·443
「いい人」をやめるだけで免疫力が上がる！	藤田紘一郎	PI·444
まわりを不愉快にして平気な人	樺　旦純	PI·445
なぜ、あの人が話すと意見が通るのか	木山泰嗣	PI·446
できるリーダーはなぜメールが短いのか	安藤哲也	PI·447
江戸三〇〇年 あの大名たちの顛末	中江克己	PI·448
あと20年でなくなる50の仕事	水野　操	PI·449
やってはいけない「実家」の相続 相続専門の税理士が教えるモメない新常識	天野　隆	PI·450
なぜ一流は「その時間」を作り出せるのか	石田　淳	PI·451
自分が「自分」でいられる コフート心理学入門	和田秀樹	PI·452
図説 地図とあらすじでわかる！ 山の神々と修験道	鎌田東二［監修］	PI·453
結局、世界は「石油」で動いている 一見、複雑な世界のカラクリが、スッキリ見えてくる！	佐々木良昭	PI·454
そのダイエット、脂肪が燃えてません やってはいけない38のこと	中野ジェームズ修一	PI·455
※以下続刊		

お願い ページわりの関係からここでは一部の既刊本しか掲載してありません。折り込みの出版案内もご参考にご覧ください。